RAD
VERGNÜGEN

OSTSEEKÜSTE
MECKLENBURG-VORPOMMERN

21 ½ TAGESTOUREN
FEIERABEND-RIDES
WOCHENEND-BIKEAWAYS

Einfach raus!

Kay Tschersich

Schon als Kleinkind durfte der Autor Sandburgen am weißen Strand von Binz bauen, was wegen des Mangels an Ferienunterkünften zu DDR-Zeiten nicht selbstverständlich war. Seitdem hat es ihn immer wieder aufs Neue an die Ostseeküste gezogen, denn auf den weiten Blick übers Meer mag er nicht mehr verzichten. Zuletzt war er hier vor allem als Leiter von Radreisen unterwegs.

LIEBE LESERIN, LIEBER LESER,

facettenreicher als die Ostseeküste geht kaum! Lichtblaues Meer brandet an weiße Strände, das sanft gewellte Hinterland lockt mit tiefgrünen Wäldern und leuchtend gelben Rapsfeldern. In den breiten Schilfgürteln der Boddenlandschaft schnattern die Enten. Selbst der Himmel scheint sich hier höher zu wölben. Die Luft schmeckt nach Meer und Freiheit – erst recht, wenn man sich in den Sattel schwingt.

Ein weit verzweigtes Radwegenetz erschließt die Region. Romantische Alleen verbinden kleine Fischerdörfer und traditionsreiche Kleinstädte. Unter dem dichten Blätterdach knorriger Buchen und entlang der lichtdurchfluteten Uferlinie verlaufen asphaltierte oder befestigte Radwege.

Die 21 Touren in diesem Band erkunden mit einem Stadt-, Trekking- oder E-Bike die schönsten Ecken der vorpommerschen Ostseeküste. Usedom, Rügen und Fischland-Darß-Zingst überraschen mit ihrem jeweils ganz eigenen landschaftlichen Charakter. Kurze Feierabend- und spannende Tagestouren, aber auch zweitägige Miniurlaube lassen viel Raum für eine entspannte Einkehr oder eine Rast an traumhaften Plätzen.

Viel Spaß beim Entdecken wünscht

INHALT

FEIERABEND-RIDES
Touren 1–9 // < 30 km // Seite 7–81
Rauf aufs Rad zum Runterkommen

SPANNENDE TAGESTOUREN, DIE JEDER SCHAFFT
Touren 10–18 // > 30 km // Seite 83–175
Mehr erFahren!
NaTour, KulTour, MuskulaTour

WOCHENEND-BIKEAWAYS
Touren 19–21 // Seite 177–223
Mini-Urlaubs-Touren mit Übernachtung
Tour 21 ½ // Eine halbe Tour gibt's als Verlängerung obendrauf // Seite 218

TOUREN, DIE DU SO NIE GEMACHT HÄTTEST
Touren 9, 18, 21 // Seiten 73, 165, 207
Das gibt's doch gar nicht, gibt's nicht

Alle 21 ½ Touren in der KOMPASS App: Dort findest du Livetracking, GPS-Ortung, Offline-Karten und -Touren, Navigation zum Start und viele weitere nützliche Features. Einfach QR-Code scannen und Tour starten. Oder den Menüpunkt *Produkte* in der App wählen. Los geht's!

GPX-Tracks zum Download: www.kompass.de/gpx
Für das Navigationsgerät deiner Wahl haben wir alle Touren auch als GPX-Track auf unserer Homepage.

AUFGESATTELT!
Einlesen, aufsteigen, losfahren // Seite 225–240
Nützliches und unnützes Wissen für deine nächste Fahrradtour

Radvergnügen an der Ostseeküste // Seite 226

Facts Ostseeküste // Seite 229

Rauszeit-Highlights für Kinder, E-Biker, Schlemmer und Ruhesuchende // Seite 230

Das kriegst du nicht alle Tage
Wann am besten wohin // Seite 232

Packliste // Seite 234

Radcheck // Seite 236

Bike-Bucketlist Ostseeküste // Seite 240

1 | AUF ZUM NACHBARN!
Über den Neuwarper See nach Polen ➤ **2:30 Stunden // Seite 9**

2 | AUF VINETAS SPUREN
An Usedoms Bernsteinküste zwischen Bansin und Zinnowitz ➤ **2:15 Stunden // Seite 17**

3 | STEINZEIT & KLASSIZISMUS
Entlang des Rügischen Boddens von Sellin nach Putbus ➤ **2:15 Stunden // Seite 25**

4 | SCHATZKÄSTCHEN DER NATUR
Durch den Nationalpark Jasmund zum Königsstuhl ➤ **2:30 Stunden // Seite 33**

5 | RÜGENS EINSAMER WESTEN
Von Gingst auf die Insel Ummanz ➤ **2:30 Stunden // Seite 41**

6 | DIE ROSTOCKER HEIDE
Vom Fischland zum Warnemünder Hafen ➤ **2:15 Stunden // Seite 49**

7 | ARCHITEKTURPERLE
Durch die Rostocker Heide zum Jagdschloss Gelbensande ➤ **2:15 Stunden // Seite 57**

8 | 134 STUFEN PANORAMA
Durch den Darßwald zum Leuchtturm am Darßer Ort ➤ **2:30 Stunden // Seite 65**

TOUR, DIE DU SO NIE GEMACHT HÄTTEST
9 | EISERNES UNGETÜM
Von Zingst über den Meiningenstrom nach Barth ➤ **1:15 Stunden // Seite 73**

FEIERABEND-RIDES

SCHIFF AHOI!

Die Fahrt mit dem urigen Krabbenkutter Lütt Matten über den Neuwarper See nach Polen ist nur ein Sahnehäubchen dieser Tour.

> **1 /** Wir starten und enden nahe des Schlossparks in Vogelsang

> **2 /** Im Hafen von Altwarp die Lütt Matten entern

> **3 /** Der Skulptur des Malers Hans Hartig am Markt von Nowe Warpno über die Schulter schauen

> **4 /** An der Waldbadestelle in den Neuwarper See bei Rieth springen

> **5 /** Seeadler entdecken am Beobachtungsturm

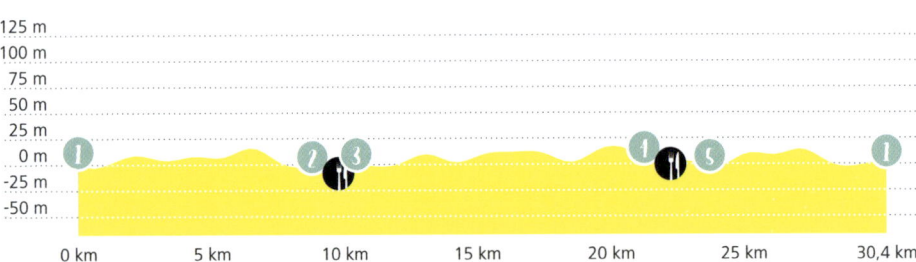

AUF ZUM NACHBARN!

Über den **Neuwarper See** *nach* **Polen**

Die Wälder der Ueckermünder Heide begleiten uns bis zum Altwarper Hafen, von dem aus wir auf einem Fischkutter quer über den Neuwarper See zu den polnischen Nachbarn schippern. Die wilde Schönheit des Seeufers bestaunen wir dann auf dem Rückweg vom Beobachtungsturm bei Rieth aus.

30 Kilometer
49 Höhenmeter
2:30 Stunden
Rundtour

Nach Osten!
In 1 / Vogelsang, dem westlichen Part des Doppelortes Vogelsang-Warsin, schwingen wir uns an der Einmündung der Luckower Straße in die Dorfstraße aufs Rad. Später werden wir die Tour hier auch beenden. Unsere Route folgt der Dorfstraße nach Osten in Richtung Warsin. Gleich hinter den Bäumen links der Straße verbergen sich das Mitte des 19. Jahrhunderts im Auftrag von Eduard Friedrich von Enckefort errichte-

CHARAKTER
Sportlich ●●○○○
Abkühlung ●●●●○
Schlemmen ●●●○○
Panorama ●●●○○

te Schloss und der dazugehörige ausgedehnte Park. Heute braucht man keinen adligen Stammbaum mehr, um Mieter einer der jüngst sanierten Wohnungen zu werden. Der am Herrenhaus vorbeiführende Kanalweg endet übrigens an einem hübschen, von rauschenden Bäumen eingefassten Naturstrand. Du kannst dich also schon auf eine

◂ links / Die Lütt Matten im Fährhafen von Altwarp

erfrischende Abkühlung im Stettiner Haff nach der Tour freuen. Beim Radeln entlang der Dorfstraße fällt gleich der Torturm des Friedhofs ins Auge – er erinnert an die einst in Vogelsang residierenden Schlossherren und führt zur Begräbnisstätte der Familie von Enckefort. Heute ziert seine Silhouette das Gemeindewappen. Im benachbarten Warsin ignorieren wir den abbiegenden Oder-Neiße-Radweg, der noch über 550 km bis zur Neißequelle vor sich hat. Für uns geht es geradeaus in Richtung Altwarp weiter. Die Pneu surren auf Asphalt durch den lichten Kiefernforst der Ueckermünder Heide. Sonnenflecken tanzen über den Waldboden, hin und wieder lässt sich ein Blick auf das bleiern liegende Stettiner Haff erhaschen.

UNTER VOLLEN SEGELN

Beeindruckende 85 m² beträgt die Segelfläche des Kutters Lütt Matten, auf dem wir über den Neuwarper See tuckern. Der Motor des 1956 gebauten Bootes bringt es auf stolze 165 PS.

Per Krabbenkutter übers Haff

Wir rollen hinein nach 2 / Altwarp und haben damit immerhin den östlichsten Hafenort Deutschlands erreicht. Entsprechend frisch und lecker sind die Fischgerichte in den wenigen Gaststätten vor Ort. Probiere doch eine verführerisch duftende Stettiner Fischplatte mit Steinlachs, Barsch und Zander! Im Hafen empfängt dich der urige Fährkutter Lütt Matten. Von April bis Oktober schippert er sechs Mal täglich (www.luett-matten-altwarp.de) hinüber nach Polen. Einst wurden mit ihm Krabben gefischt. Nun tuckerst du auf seinen hölzernen Planken gemütlich über den Neuwarper See und hältst dabei vielleicht einen Plausch mit dem Käptn. Und vielleicht fliegt dir eine Schwalbe vor die Linse .

Cześć Polska

Nach der kurzen Überfahrt finden wir uns am kleinen Markt des polnischen 3 / Nowe Warpno wieder und können hier der Bronzeskulptur des Künstlers Hans Hartig, einem Ehrenbürger der Stadt,

---

▸ **rechts groß / Die Weite des Stettiner Haffs** ▸ **rechts klein / Am Neuwarper Rathaus – Maler bei der Arbeit**

380

In 1 / Vogelsang-Warsin sind lediglich 380 Einwohner zu Hause – genug Platz also für die faszinierende Natur des Naturparks Am Stettiner Haff. Hier treffen wir noch auf unverbaute Abschnitte der Haffküste mit ihren vorgelagerten Wiesen und die Wälder der Ueckermünder Heide. Bei 2 / Altwarp gibt es sogar Binnendünen zu bestaunen.

AUS ALT MACH NEU

Von Altwarp setzen wir nach **3 / Nowe Warpno** über, das, auf einer Landzunge gelegen, auf drei Seiten von Wasser umgeben ist. Die Altstadt ist saniert und die Uferpromenade hat eine moderne Aussichtsplattform bekommen.

EIS AUF POLNISCH

über die Schulter schauen. Das 2013 eingeweihten Denkmal wurde von Bohdan Ronin-Walknowski erschaffen und ehrt mit Hans Hartig einen Maler, der sich eng mit Neuwarp verbunden fühlte. Seine Landschaftsbilder und Stadtansichten machten die Region nicht zuletzt auch bei Touristen populär. In einem der Lebensmittelgeschäfte in der Nähe kann man ein ‚lody' (Eis) besorgen und es sich auf einer der Bänke gemütlich machen. Auf der großen Ortsdurchgangsstraße geht es nun links weiter. Wir folgen dieser Vorfahrtstraße, an der es leider keinen ausgewiesenen Radweg gibt, für etwa 4 km durch Neuwarp. Erst 100 m vor dem Ortsausgangsschild schwenkt die Tour auf die Nebenstraße nach rechts in Richtung Szczecin ein. Nach einem weiteren knappen Kilometer orientiert sich die Route bei einem grünen Schild Rieth auf den Radweg rechts in den Wald. In der schattigen Stille summen nur die Räder über den Asphalt. Eine Ziegelbrücke, über die einst die Lokomotiven der Randower Kleinbahn schnauften, markiert die polnisch-deutsche Grenze. Sofort hinter dem Bauwerk biegst du rechts auf einen Waldweg Richtung Rieth ein. Der Weg hier im

Niemandsland dicht an der Grenze ist etwas sandig, aber schon nach 250 m hast du wieder festen Grund unter den Reifen und radelst durch Rieth.

Idyll am See
Idyllischer könnte die Lage des winzigen Ortes am Neuwarper See kaum sein. Deshalb solltest du auch den beschilderten Kurzabstecher zur Waldbadestelle nicht versäumen, zumal sich hier ein reizvoller Blick auf die Vogelschutzinsel Riether Werder bietet. Das Eiland darf zum Schutz der Natur nicht betreten werden – lediglich die Ruinen eines Bauernhofes verraten eine frühere menschliche Besiedlung. Umso eifriger nutzt eine große Zahl von Vögeln – 149 Arten wurden gezählt (davon 51 Brutvogelarten) – das exklusive Areal. Insbesondere morgens und abends schallt ein vielstimmiges Konzert zur Badestelle herüber. Dieses kannst du ganz entspannt im Schatten der bis ans Ufer heranreichenden Bäume verfolgen. Und Erfrischung in den Wellen des Sees gibt es obendrein dazu! Im Dorfzentrum von 4 / Rieth lockt uns der Duft von frisch gebrühtem Kaffee in die wunderbar authentische Klönstuw (April–Okt. Di–So 14–18 Uhr, Nov.–März Sa, So 14–17 Uhr, Dorfstraße 14, 17375

SCHWARZ

Meist sind sie schon weithin sichtbar: Auf Pfählen und Bäumen am Neuwarper See sitzen Kormorane mit weit gespreizten Flügeln und trocknen ihr schwarzes Gefieder. Manchmal sind sie selbst auf den Ruinen auf der Vogelschutzinsel Riether Werder zu entdecken.

◀ links / Pause mit Seeblick ▲ oben / Rieth am Neuwarper See

UECKERMÜNDE!

Von **1 / Vogelsang** aus kann die Tour von E-Bikern und Unentwegten problemlos entlang des Oder-Neiße-Radweges bis nach Ueckermünde mit seiner tollen Altstadt verlängert werden.

Rieth, www.cafe-de-kloenstuw.de). Hier sitzt man urgemütlich im Hof einer 1898 erbauten Molkerei und wird mit frisch gebackenen Torten, Kuchen und leckeren Kaffeespezialitäten verwöhnt. Wenige Meter weiter stoßen wir wieder auf den Oder-Neiße-Radweg, dem die Route nun in den Stieger Weg folgt.

Rasten, wo es am schönsten ist

Bald leitet die Beschilderung hin zum schönsten Rastplatz der Tour – weit schweift der Blick vom möwenumkreischten 5 / Beobachtungsturm über den Neuwarper See. Große Teile des Gewässers und seiner Uferbereiche genießen einen besonderen Schutz und sind zugleich Teil des Naturparks Am Stettiner Haff. Vielleicht zeigt sich gar einer der seltenen Seeadler! Bänke laden zudem zur Entspannung ein. Sitzen, träumen, Wind und Vögeln lauschen – was braucht es mehr! Der raschelnde Schilfgürtel bleibt nun zurück und wir tauchen wieder in den schattigen Wald der Ueckermünder Heide ein. Vor allem in den Kiefernforsten verlocken dicke Moospolster erneut zum Innehalten. Kaum zu glauben, wie weich und gemütlich man lagern kann – der Sattel wirkt da deutlich weniger verlockend. Der Fernradweg leitet uns, teilweise auf Waldwegen, zurück zur bereits bekannten Landstraße in Warsin. Das letzte Stück legen wir nun auf vertrautem Terrain zurück. Am Naturstrand von 1 / Vogelsang kannst du dann noch einmal einen Blick auf das Haff werfen – vielleicht tuckert ja gerade die Lütt Matten auf einer ihrer regelmäßigen Rundfahrten vorbei.

244

Beim 5 / Beobachtungsturm nahe Rieth kannst du gar nicht so selten den majestätischen Flug von Seeadlern bestaunen. Die Flügelspannweite der Weibchen ist mit bis zu sagenhaften 244 cm übrigens deutlich größer als die der Männchen.

TOURENINFO / Gut geeignet für Familien. Zumeist asphaltierte Radwege und Waldwege, kurze sandige Bereiche. Im polnischen Neuwarp längerer Abschnitt auf der etwas stärker befahrenen Durchgangsstraße. Personalausweis und Badesachen nicht vergessen. Unbedingt die Fährzeiten beachten: www.luett-matten-altwarp.de!

▸ 1 / Vogelsang ▸ 2 / Altwarp ▸ 3 / Nowe Warpno ▸ 4 / Rieth ▸ 5 / Beobachtungsturm

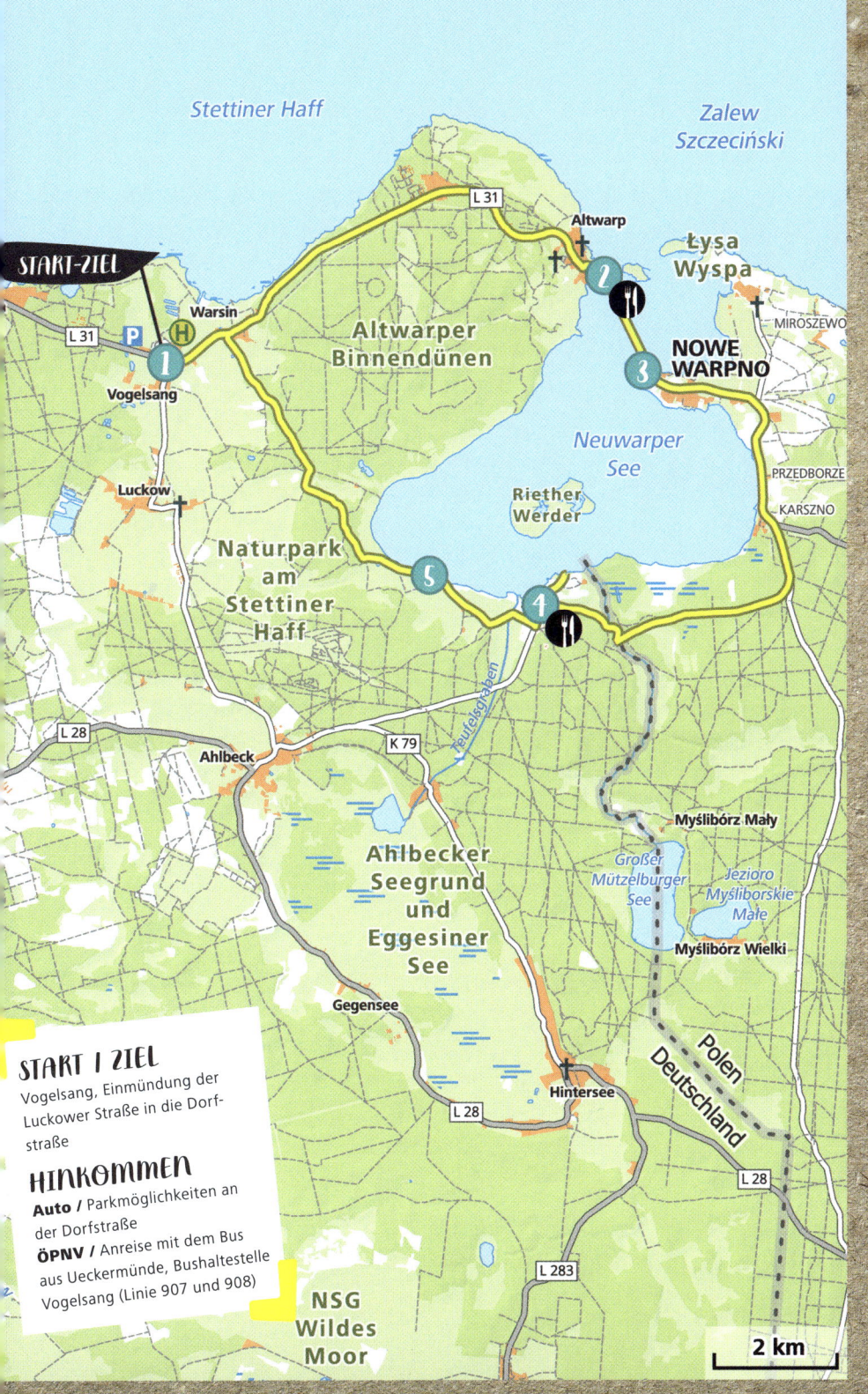

BLAUE STUNDE

Die abendliche blaue Stunde lässt sich wunderbar auf der Dachterrasse des Kiosks Surfbox 2.0 bei Zempin verbringen. Bis zum Ziel ist es dann nicht mehr weit.

> **1 /** Beim Bahnhof Bansin schwingen wir uns in den Sattel

> **2 /** Nahe der Seebrücke Bansin einen Blick auf die historischen Badekarren werfen

> **3 /** In der Schauküche Strandoase bei Ückeritz die Fingerfertigkeit des Kochs bewundern

> **4 /** Nach einem Bad den feinen Sand am Strand bei Ückeritz durch die Finger rieseln lassen

> **5 /** Am Teufelsberg den Blick über den Kölpinsee schweifen lassen

> **6 /** Finderglück? Bei der Strandtreppe nach Bernstein suchen

> **7 /** Vom Streckelsberg nach Vineta Ausschau halten

> **8 /** Wozu brauchte man Salzhütten an der Seebrücke Koserow?

> **9 /** Die blaue Stunde beim Kiosk Surfbox genießen

> **10 /** Bei der Seebrücke Zinnowitz noch einmal in die Wellen hüpfen

> **11 /** Am Ziel! – Bahnhof Zinnowitz

AUF VINETAS SPUREN

An *Usedoms Bernsteinküste*
zwischen *Bansin* und *Zinnowitz*

Immer die blitzende Ostsee im Blick, radeln wir meist unter dem rauschenden Blätterdach uralter Buchenwälder. Jede Menge Badestrände und idyllisch gelegene Einkehrmöglichkeiten verleiten zu der einen oder anderen Rast. Und vielleicht entdecken wir ja am Streckelsberg das sagenumwobene Vineta?

25 Kilometer
114 Höhenmeter
2:15 Stunden
Streckentour

Sandstrand und Badekarren

Am 1 / Bahnhof des Seebads Bansin steigen wir in den Sattel (hier kreuzt Tour 10, s. S. 91). Wir überqueren an der Ampel die vor allem in der Hauptsaison verkehrsreiche Durchgangsstraße und folgen der Seestraße hinab zur Strandpromenade. Hier verläuft unsere Tour entsprechend der Beschilderung des Ostseeküstenradweges in Richtung Zinnowitz nach links. Verlockend rauschen die Wellen am weißen Sandstrand. Auch wenn du eine Abkühlung auf später verschiebst – einen kurzen Blick solltest du auf jeden Fall auf die historischen Badewägen – oder Badewagen, wie der Einheimische sagt, – direkt neben der Promenade werfen. Nicht ganz so alt ist die hölzerne Konzertmuschel gleich nebenan. Beim Haus des Gastes

CHARAKTER
Sportlich ●●●○○
Abkühlung ●●●●●
Schlemmen ●●●●○
Panorama ●●●●○

◂ links / Am Strand von Zinnowitz

kommen wir an der knapp 300 m langen 2 / Seebrücke vorbei, die sich in Bansin bescheidener als in Ahlbeck und Heringsdorf präsentiert. Aufbauten, wie in den benachbarten Kaiserbädern üblich, fehlen hier. Nur 100 m weiter schwenkt die Route beim Radweiser in eine kleine Gasse aufwärts ein und verläuft gleich auf der Bergstraße aus dem Ort heraus und in herrlichen Buchenwald hinein.

Durch grüne Kathedralen zum Teufelsberg

Man kann sich hier kaum satt sehen und hören: Durchs Grün der dicht belaubten Baumkronen blitzt die leuchtend blaue Ostsee. Vogelgezwitscher schallt durch die mächtige Kathedralenhalle aus hoch aufragenden Buchen. Zwischen den gewaltigen Stämmen verliert sich der Nachhall des trubeligen Ostseebades schnell. Bei der Weiterfahrt sollte die Radwegmarkierung im Auge behalten werden. Ein Naturcamping und zahlreiche Strandaufgänge kündigen schließlich das Seebad Ückeritz an. Noch vor dem Ort verleitet die einladende 3 / Live Cooking-Schauküche Strandoase zu einer ersten Rast. Nicht nur an heißen Tagen läuft einem angesichts der Smoothies und Milchshakes das Wasser im Munde zusammen. Hier kann man den Wellen lauschen und nebenbei die Fingerfertigkeit des Kochs in der offenen Küche bewundern (April–Okt. täglich 12–21 Uhr, Strandoase Ückeritz, Campingplatz-Strandstraße, 17459 Ückeritz, www.strandoase-ueckeritz.de). Auch Lektüre für eine Radelpause am Strand gibt es im angeschlossenen Buchladen gleich nebenan. Ückeritz ist dem Achterwasser zugewandt, weshalb unsere Route den Ort lediglich tangiert. Der Ostseeküstenradweg verläuft nun in stetem Auf und Ab durch dichten Wald, wo erneut gewaltige Buchen im Wind rauschen. Gefällestrecken bis 16 % erwarten uns auf diesem Abschnitt – Kribbeln im Bauch inklusive. Nach der zweiten

HONIGGELB
Auch Ückeritz ist eines der Bersteinbäder. Am Hochufer solltest du beim Strandspaziergang an der Bernsteinküste Usedoms den Spülsaum im Blick behalten – nirgendwo auf der Insel ist die Wahrscheinlichkeit für einen Bernsteinfund größer als hier.

› rechts groß / Buchen dominieren den Küstenwald › rechts klein / Historische Badekarren in Bansin

KM 2

Die vierrädrigen Karren an der Bansiner Promenade dienten den ersten Badegästen nicht nur als Umkleidekabinen – man zog sie sogar ins Wasser, um ein sittlich korrektes und ungesehenes Badevergnügen zu ermöglichen. Das Gefährt wurde wohl im englischen Badeort Kent erfunden.

> **WEISS**
> Der Name des Kölpinsees leitet sich vom slawischen Wort für „Schwan" her. Und tatsächlich können in diesem Naturidyll meist einige der stattlichen weißen Vögel beobachtet werden.

TEUFLISCH GUTER SEEBLICK

Steilabfahrt lockt ein Kurzabstecher zum 4 / Strand bei Ückeritz, der sich hier etwas weniger frequentiert zeigt. – Warum also nicht kurz in die Wellen tauchen? Wieder im Sattel bleiben die wenigen Häuser von Stubbenfelde rasch zurück. Dafür radeln wir nun am malerischen Kölpinsee entlang. Die Landenge zwischen Meer und See wird als 5 / Teufelsberg bezeichnet. Dass mit dem düsteren Namen eine ebensolche Legende verbunden ist, kann nicht überraschen: Ein Schuster habe hier einst dem Teufel seine Seele verschrieben und sei schließlich unter zuckenden Blitzen und grollendem Donner von diesem geholt worden. Grund genug für uns, dem Ort des diabolischen Geschehens den Rücken zu kehren und die Pneu surren zu lassen.

Vineta entdecken!

Im Seebad Kölpinsee müssen zahlreiche Stufen auf unserem Radweg beschildert (und etwas großräumig) umgangen werden. Mitten im Wald taucht wenig später ein langgestreckter 6 / Treppenstrandabgang auf, von dem du einen schönen Blick über Steilküste,

Strand und Meer genießen kannst. Auch die erstaunliche Höhe des hiesigen Uferabschnitts ist so gut auszumachen. Ein Spaziergang am Strand lohnt sich in jedem Falle, gilt der Abschnitt zwischen Zempin und Ückeritz doch als Bernsteinküste Usedoms. Allerdings ist die Chance, das fossile Harz zu entdecken, im stürmischen Winterhalbjahr am größten. Auf dem Ostseeküstenradweg treten wir wieder in die Pedale und passieren den „Gipfel" des nahen 7 / Streckelsberges, der auch erklommen werden kann. Mit immerhin 60 m Höhe zählt er zu den bedeutendsten Erhebungen Usedoms, dessen Hang zur Ostsee hin eine eindrucksvolle Steilküste formt. Vor dieser soll sich einst die legendär reiche nordische Handelsmetropole Vineta befunden haben, bis sie von den tobenden Wassermassen der Ostsee verschlungen wurde. Allerdings nehmen noch eine ganze Reihe weiterer deutscher und polnischer Küstenorte für sich in Anspruch, den Ort der Katastrophe vor ihren Toren verorten zu dürfen. Wenig später hast du die 8 / Seebrücke von Koserow erreicht, die bereits die dritte an dieser Stelle ist, nachdem die Vorgängerinnen Sturm und Wetter nicht gewachsen waren. Auch die neue, wellenförmige Brücke ist ein toller Ort für eine Rast. Obwohl die ersten Badegäste hier bereits Mitte des 19. Jahrhunderts Ab-

KM 16

Beim 7 / Streckelsberg soll sich einst die reiche Handelsstadt Vineta befunden haben. Der Sage nach führte der Hochmut der Bewohner zu ihrem Untergang durch eine Sturmflut. Noch heute soll manchmal das Geläut ihrer Glocken aus der Tiefe des Meeres vernommen werden.

◀ links / Die neue Seebrücke in Koserow ▲ oben / Räder am Strandabgang in Zinnowitz

MYTHOS

Auf der Ostseebühne in Zinnowitz lässt sich Vinetas Untergang hautnah miterleben: Jeden Sommer erwacht hier die versunkene Stadt unter mächtigem Theaterdonner wieder zum Leben.

kühlung in den Wellen suchten, ist die Atmosphäre beschaulich geblieben. Gleich nebenan sind seit eh und je die urigen Salzhütten zu finden. Sie dienten einst der Lagerung von Salz. Außerdem wurden sie während der Heringsfangsaison zum Salzen und Verpacken des begehrten Fisches genutzt, wobei staatliche Stellen ihr wachsames Auge auf die Prozesse richten konnten. Heute wird hier ein Fischrestaurant mit eigener Räucherei betrieben (Mi–So 12–20.30 Uhr, Koserower Salzhütte, An der Seebrücke, 17459 Koserow, www.koserower-salzhuette.de).

Surfkurs gefällig?

Auf Asphalt surren die Räder nun weiter in Richtung Zempin. Als eines der ersten Häuser des Ortes lädt der witzig-alternativ ausgestattete 9 / Kiosk Surfbox zur Rast. Hier kannst du bei Kaffee und Kuchen oder einem Bier die Beine von umfunktionierten Ölfässern baumeln lassen oder auch gleich einen Surfkurs buchen. Die Dachterrasse garantiert einen unverstellten Blick auf die Ostsee – legendär schön in der abendlichen blauen Stunde (Surfbox 2.0, Möwenweg 18, 17459 Zempin, www.surfboxusedom.de). Lediglich 3 km sind nun noch durch dichten Wald bis Zinnowitz zurückzulegen (auch Tour 11 kommt hier vorbei, s. S. 100). Hier erwartet uns mondäne Bäderarchitektur und an der 10 / Seebrücke eine Tauchglocke, mit der die Ostseeunterwasserwelt erkundet werden kann – Vineta ist dabei allerdings noch nicht gesichtet worden. Nach einem Bad in den Ostseewellen bleibt uns nur noch der Weg auf der Neuen Strandstraße zum 11 / Bahnhof des Seebads.

315

Die 10 / Seebrücke in Zinnowitz ist 315 m lang. Am Brückenkopf kannst du mit einer Tauchgondel in die Unterwasserwelt der Ostsee aufbrechen. Und wenn es vor den Bullaugen mal nichts zu sehen geben sollte: In der Gondel läuft auch ein 3D-Film zum Thema!

TOURENINFO / Die Tour verläuft auf Waldwegen und asphaltierten Radwegen. Dabei sind einige kurze steilere Anstiege und Abfahrten zu bewältigen. Badesachen einpacken!

➤ 1 / Bahnhof Bansin ➤ 2 / Seebrücke Bansin ➤ 3 / Strandoase Ückeritz ➤ 4 / Strand bei Ückeritz ➤ 5 / Teufelsberg ➤ 6 / Strandtreppe ➤ 7 / Streckelsberg ➤ 8 / Seebrücke Koserow ➤ 9 / Kiosk Surfbox Zempin ➤ 10 / Seebrücke Zinnowitz ➤ 11 / Bahnhof Zinnowitz

RASENDER ROLAND

Von Putbus kehre ich mit dem Rasenden Roland zurück ins Ostseebad Sellin – ein perfekter Tourenausklang! Der Bus wäre übrigens auch nicht schneller.

▶ **1 /** Bevor wir an der Kurverwaltung starten, noch einen Blick auf die Seebrücke werfen

▶ **2 /** Einen Schnappschuss vom Rasenden Roland am Bahnhof Baabe machen

▶ **3 /** Im Baaber Hafen die Ruderbootfähre entern

▶ **4 /** In Seedorf die köstlichen Fischbrötchen probieren

▶ **5 /** Ehrfürchtig die Großsteingräber von Lancken-Granitz betrachten

▶ **6 /** Pausieren bei einer 5000 Jahre alten Steinsetzung

▶ **7 /** In Groß Stresow ein Eis am Rügischen Bodden genießen

▶ **8 /** Die klassizistische Residenzstadt Putbus erkunden

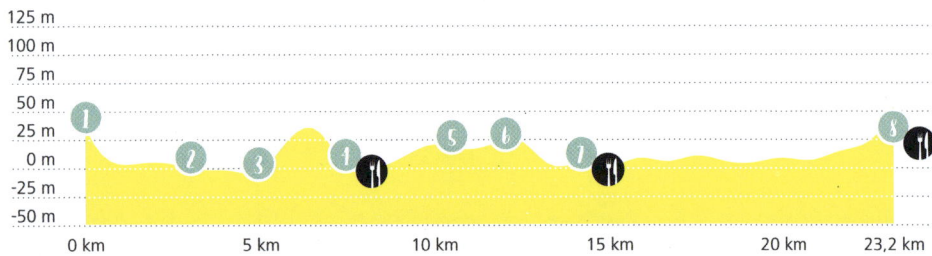

STEINZEIT & KLASSIZISMUS

Entlang des **Rügischen Boddens**
von **Sellin** *nach* **Putbus**

Von Sellin radeln wir zum Bahnhof von Baabe. Kaum haben sich dort die Dampfwolken des Rasenden Roland verzogen, finden wir uns auch schon auf einer Ruderbootfähre wieder. Idyllische Landschaften begleiten uns vorbei an steinzeitlichen Gräbern bis zur Residenzstadt Putbus.

23 Kilometer
92 Höhenmeter
2:15 Stunden
Streckentour

Los geht's an der Seebrücke
Im mondänen Ostseebad Sellin beginnen wir unsere Radtour. Zuvor solltest du aber einen Blick auf die berühmte Seebrücke des Ortes werfen – bereits 1906 wurde sie (erstmalig) eröffnet. Vor dem Gebäude der 1 / Kurverwaltung in der Warmbadstraße steigen wir in den Sattel, wenden uns zur August-Bebel-Straße hin und folgen dieser abwärts. Entsprechend der Radwegbeschilderung „Baabe" biegt die Route in die Granitzer Straße links ein. Das engmaschige Weisernetz führt uns entlang der Ostbahnstraße und neben der B 196 nach Baabe. Hier erreichst du den 2 / Bahnhof, der auch Start von Tagestour 13 ist, die bis zu unserem nächsten Stopp am Baaber Bahnhof parallel verläuft (s. S. 115).

CHARAKTER
Sportlich ●●●○○
Abkühlung ●●●○○
Schlemmen ●●●○○
Panorama ●●●●●

◄ links / Roland rast seit 1895 mit 30 km/h zwischen Putbus und Göhren

Historische Dampflok

Mit etwas Glück fährt gerade schnaufend und zischend die Dampflok des Rasenden Rolands ein. Halte also besser den Fotoapparat bereit. Seit 1895 tut die historische Schmalspurbahn in Rügens Süden gemächlich ihren Dienst – mit einer Geschwindigkeit von 30 km/h. Nun lässt sich die Tour von der Destination Lobbe leiten, schwenkt dementsprechend nach rechts, überquert die Gleise und verläuft auf einem Deichweg.

Fährüberfahrt einmal anders

Vorbei am ausgesprochen idyllischen und knapp 2 km langen Selliner See erreichen wir den kleinen 3 / Baaber Hafen, wo einige Boote sanft auf dem Wasser schaukeln. Auf dich wartet nun ein ganz besonderes Highlight: Du orientierst dich am Weiser in Richtung Putbus/Seedorf über Fähre Moritzdorf und stehst gleich mit deinem Rad am Anleger der wohl kürzesten Fährverbindung Deutschlands. Ein Fährmann rudert Personen (und Fahrräder) ans knapp 50 m entfernte jenseitige Ufer. Seit 1891 tut die Fähre ihren Dienst und setzt an manchen Tagen bis zu hundertmal über. Ehe du dich versiehst, steigst du in Moritzdorf wieder vom Boot und radelst in Richtung Putbus weiter.

EINE PRISE SALZ
Der Selliner See ist knapp 2 km lang. Über die Baaber Bek ist er mit dem Having, einer Bucht im Rügischen Bodden verbunden – das Seewasser ist also leicht salzhaltig.

Über den Lanckener Bek

Am Ortsausgangsschild hältst du dich entsprechend der Weiser nach Putbus links und strampelst nun gleich einige Höhenmeter hinauf auf den Hohen Berg. Die 44 m Gipfelhöhe sorgen für ein tolles Panorama. Mit 15 % Gefälle erreichen wir dann den Hafen von 4 / Seedorf, der sich bei Freizeitseglern unübersehbar einer großen Beliebtheit erfreut. In De Seedörper Fischräucherei (Mo–Fr 9–16, Sa 9–14 Uhr, Seedorf 8a, 18586 Sellin) kannst du dich hier

---

▸ rechts groß / Die prächtige Seebrücke in Sellin ▸ rechts klein / Die Ruderfähre Moritzdorf setzt selbst Fahrräder über

KM 3

Auf einer 750-mm-Schmalspur schnauft der Rasende Roland mit 30 km/h durch den Inselsüden. Schon 1895 wurde die erste Teilstrecke eingeweiht. Im Laufe der Jahre wurde das Schienennetz auf fast 100 km erweitert, heute wird davon noch etwa ein Viertel genutzt. Die älteste, noch aktive Lokomotive schnauft schon seit 1914 durch Rügen.

> **NICHT SCHALL UND RAUCH**
> Wichtig für den Geschmack eines Räucherfisches ist das angewandte Räucherverfahren. Traditionell wird über offenem Feuer in besonderen Öfen geräuchert.

ausgesprochen lecker stärken. Die Fischbrötchen sind ein Genuss! Auch die Räucherfischauswahl ist gigantisch. Vielleicht benötigst du noch Proviant für den weiteren Weg? Gleich hinter dem Gebäude nutzen wir die Brücke über den Lanckener Bek. Bald radeln wir durch das verschlafene Preetz und können uns dann an der hügeligen Landschaft kaum satt sehen: Wiesen, Weiden und Felder – der Horizont von fernen Wäldern begrenzt. Und über allem wacht weithin sichtbar der hoch aufragende Turm des Jagdschlosses Granitz.

STEINE AUS DER VERGANGENHEIT

Abstecher in die Steinzeit

Schließlich überqueren wir eine Vorfahrtstraße. Hier lohnt der Kurzabstecher zu den beeindruckenden 5 / Großsteingräbern von Lancken-Granitz sehr. Dazu folgst du der Straße 300 m nach rechts. Ein Schild weist den Weg zu den Gräbern – sie sind lediglich 100 m von der Fahrbahn entfernt. Der mystisch-schöne Ort eignet sich wunderbar für eine Rast. Schließlich kehren wir zum Radwegweiser zurück, wo wir nur wenige Meter weiter auf den Waldweg

nach links einbiegen. Unsere Route taucht gleich in den schattigen Mischwald ein und erreicht bereits nach kurzer Zeit ein weiteres Gräberfeld mit einer beeindruckenden 6 / Steinsetzung direkt am Wegesrand. Eine Sitzgruppe im Schatten des dichten Blätterdachs lädt auch hier zum Innehalten ein. Warum also nicht an diesem magischen Plätzchen eine gemütliche Pause einlegen? Spürt man der Atmosphäre des Ortes nach, fühlt man sich in einen Zeitraffer versetzt: Die Jahrtausende ziehen im Halbschatten der mächtigen Bäume vorüber. Schließlich stammen die Grabanlagen aus dem 4. Jahrtausend v. Chr.!

Kleines Dorf ganz groß

Auf dem weiteren Weg ändert sich die Szenerie nach kurzer Zeit schlagartig: Wir verlassen den dichten Wald und uns empfängt der lichte Blick aufs Meer. In 7 / Groß Stresow, einem Dörfchen mit gerade einmal knapp 40 Einwohnern, kommen wir am sogenannten Verräterhaus vorüber. Daneben fällt eine von der Zeit recht mitgenommene Statue von Friedrich Wilhelm I. ins Auge, der 1715 Rügen für einige Jahre den Schweden entriss. Noch

KM 19

Die meisten Großsteingräber Rügens stammen aus dem 4. Jahrtausend v. Chr. Die Grabkammer wurde mit einem Erdhügel überdeckt. Diesen Hügel fasste man dann seinerseits mit Findlingen ein. Die so entstandenen Steinsetzungen sind heute als Hünengräber bekannt.

◂ links / Das Jagdschloss Granitz grüßt von Weitem ▴ oben / Groß Stresow könnte nicht idyllischer liegen

> **WEISS**
> Als Gegner Schwedens landete der preußische König 1715 auf Rügen. Johann Meußling, der damalige Bewohner des Verräterhauses, signalisierte ihm mit einem weißen Laken die Landungsstelle.

im Ort passieren wir Haases Eishütte (in der Saison ca. 11–17.30 Uhr) direkt am Boddenstrand. Lege hier unbedingt eine (Bade-)Pause ein – schöner kann man sich eine Rast kaum wünschen.

Am Rügischen Bodden

Und schöner ist auch der weitere Weg nicht vorstellbar! Du radelst stets am Rügischen Bodden entlang, der sich deinen Blicken selten entzieht. Nur wenige Häuser liegen am Wege. Die Beschilderung leitet uns schließlich weg von der Küste und hinein nach Vilmnitz, wo wir uns am Weiser weiterhin in Richtung Putbus orientieren. Ein kleines Sträßchen bringt uns nach Lauterbach. Hier biegst du 250 m nach dem Ortseingangsschild rechts in die Fürst-Malte-Allee in Richtung Putbus ein.

Jüngste Stadt der Insel mit ältestem Seebad

Fahrbahnbegleitend und geradewegs gelangst du zum großen Rondell im Zentrum von 8 / Putbus, dem Circus, das auch Start von Tour 19 ist (s. S. 179). Und plötzlich ist es unübersehbar: Wir beenden unsere Tour in einer Residenzstadt! Fürst Wilhelm Malte I. zu Putbus gab nicht nur die im Kreisrund errichteten klassizistischen Bauten des Circus in Auftrag. Italienisches Flair erwartet uns auch im ausgedehnten und mit Liegen ausgestatteten Schlosspark, der zum Flanieren und Entspannen einlädt. Hier kann man sich Eis, Kaffee und Kuchen in der Orangerie schmecken lassen. Ein erstklassiges Restaurant hat sich im Marstall mit Blick auf den See etabliert – genug Möglichkeiten also, um die Tour noch einmal entspannt Revue passieren zu lassen.

1810

8 / Putbus wurde 1810 von Fürst Wilhelm Malte als klassizistische Stadtanlage gegründet. Wilhelm Malte hatte als Stadtplaner auch Sinn fürs Detail: So ordnete er an, dass jeder Bewohner vor seinem Haus Rosenstöcke zu pflanzen habe. Die Tradition wird noch heute beibehalten.

TOURENINFO / Die Tour verläuft auf Rad- und Waldwegen sowie kleineren Straßen und ist gerade für Kinder gut geeignet. Badesachen einpacken.

▶ **1** / Kurverwaltung Sellin ▶ **2** / Bahnhof Baabe ▶ **3** / Hafen Baabe ▶ **4** / Hafen Seedorf ▶ **5** / Großsteingräber ▶ **6** / Steinsetzung ▶ **7** / Groß Stresow ▶ **8** / Putbus

PER PEDES

Habe ich im Nationalpark Zeit, unternehme ich auch gern einmal eine Wanderung zu Fuß. Spektakulär ist der Hochuferweg entlang der Kreideküste.

> **1** / Am Markt in Sagard beginnt unsere Tour am Fuß der Kirche

> **2** / Die Aussicht vom Mühlberg ist atemberaubend, auch weil wir zunächst steil bergan radeln

> **3** / Beim Meerblick oberhalb von Lohme einfach sitzen und schauen

> **4** / Schiffchen zählen von der Terrasse des Cafés Niedlich im Hafen

> **5** / 118 m Kreide unter den Füßen und Traumpanorama am Königsstuhl

> **6** / Die Vogelwelt am Waldsee beobachten

> **7** / Die Beine ausstrecken am Rastplatz im Nationalpark

> **8** / Voller Eindrücke ankommen am Bahnhof Sassnitz

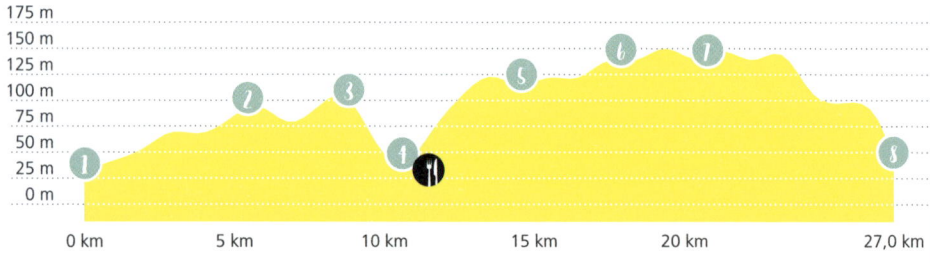

SCHATZKÄSTCHEN DER NATUR

Durch den **Nationalpark Jasmund** *zum* **Königsstuhl**

Gleich zu Beginn der Tour geht es steil bergauf – grandios ist dann der Rundblick, der bis nach Kap Arkona reicht. Wir radeln durch den märchenhaften und uralten Buchenwald von Jasmund, bis wir auf den Kreidekliffs von Königsstuhl und Victoriaaussicht stehen.

27 Kilometer
199 Höhenmeter
2:30 Stunden
Streckentour

Hoch hinaus!
Deine Tour beginnt und endet am kleinen 1 / Markt in Sagard unterhalb der Kirche und folgt der Radwegbeschilderung in Richtung Stubbenkammer auf die August-Bebel-Straße. In Sagard kommt auch Tour 20 vorbei (s. S. 203). Die Route senkt sich kurz, um dann gleich wieder anzusteigen. Wir strampeln bergan, passieren den Friedhof und biegen gleich rechts ins Sträßchen nach Neddesitz ein. Zum Glück für uns verläuft neben dem sehr holprigen Pflasterbelag ein Radweg. Geradewegs radelst du nach Neddesitz hinein, wo du schließlich doch noch vom Holperpflaster empfangen wirst. Gleich schwenken wir aber links ins Sträßchen Kranichwinkel ein, nutzen dann die Quoltitzer Straße und überqueren die Vorfahrtstraße. Damit behalten wir die Destination Stub-

CHARAKTER
Sportlich ●●●●○
Abkühlung ●○○○○
Schlemmen ●●○○○
Panorama ●●●●●

◂ links / Victoriaaussicht am Königsstuhl

benkammer bei und die Pneu surren über das schmale Asphaltband. Hecken und Feldraingehölze fassen unseren Weg ein, der nun stärker anzusteigen beginnt. Der Grad der Steigung so dicht an der Küste überrascht uns etwas, umso mehr können wir den rückwärtigen Panoramablick auf den Großen Jasmunder Bodden genießen.

Weitblick von gleich zwei Bergen

Und dann erst die Aussicht vom 104 m hohen 2 / Mühlberg: Von hier zeigt sich selbst das weit ins Meer vorgeschobene Kap Arkona! Noch spektakulärer wird es auf dem nahen und nur 1 m niedrigeren Schlanteberg – die Ostsee taucht das Sichtfeld voraus in schimmernde Blautöne. Zum Glück muss man nach dem Anstieg erst einmal Atem schöpfen: Bei dem Stopp kannst du in aller Ruhe das grandiose Panorama um dich herum genießen! Die durchaus beeindruckenden Geländekuppen sind, genauso wie die ganze Kreideküste, ein Ergebnis der letzten Eiszeit. Gewaltige Inlandgletscher haben damals die Landschaft überprägt und die Erhebungen aufgetürmt.

1 PS
Fauna und Flora der Boddenlandschaft zu Pferd besichtigen geht nicht? Geht doch! Unter sachkundiger Führung wird der Nationalpark erkundet (www.reiterhof-peuss.de).

Bergauf, bergab zur Küste

Bei der folgenden kurzen Schussfahrt pfeift dir der Fahrtwind mächtig um die Ohren, dann biegt die Tour nahe dem Ortseingang von Nardevitz rechts ein. Unser gut ausgebauter Plattenweg schlängelt sich wieder aussichtsreich bergan und erreicht das auf einer Kuppe gelegene Nipmerow. Hier jedoch schwenken wir an der Landstraße links in Richtung Lohme ein. Nur 100 m weiter hältst du dich dann beim Weiser wieder rechts – und musst es dir auf den hiesigen Bänken erst einmal bequem machen: An diesem 3 / Meerblick kann man sich schließlich kaum sattsehen!

➤ rechts groß / Sonnenuntergang in Neddesitz ➤ rechts klein / Alle Wege führen zum Königsstuhl

KM 3

Wer als Schulkind schon wissen wollte, woher die Tafelkreide stammt, der findet in Neddesitz die Antwort: Hier hat Europas einziges Kreidemuseum seine Pforten geöffnet. In einem historischen Kreidewerk wird Interessantes zu Abbau und Verwendung sowie zur Entstehung der Kreideküste vermittelt (www.kreidemuseum.de).

DER KLEINSTE

Der Nationalpark Jasmund ist mit 3070 ha der kleinste in Deutschland. 96% seiner Fläche gehören zur Kernzone. 493 ha des urigen Buchenwaldes sind UNESCO-Welterbe.

Boxenstopp

Der schmale Radweg nach Lohme führt nun steil hinab zum Ortseingang von Lohme. Die Tour hält sich hier rechts. Der Hauptstraßenverlauf bringt dich in den Ort, wo der kurze Abstecher zum 4 / Hafen nicht verpasst werden sollte, denn im kleinen Café Niedlich (Mo–So 11.30–18 Uhr, Zum Hafen 8, 18551 Lohme) sitzt es sich wunderbar mit Blick auf das Hafenbecken, das Meer und Kap Arkona.

Durch den Märchenwald

Schließlich reißen wir uns vom Panorama los, fahren zum Ortsausgang und biegen hier schließlich links ins Sträßchen nach Ranzow ein. Dort folgst du dem Weg über den Golfplatz und tauchst dann gleich in den urwüchsigen Nationalpark Jasmund ein. Zwischen knorrigen Buchen radelst du wie durch einen Märchenwald. Die riesigen Bäume bilden über uns ein gewaltiges Blätterdach, die Welt um uns scheint in einen dämmrigen Halbschatten getaucht.

GRÜNE KATHEDRALE

Kein Wunder, dass knapp 500 ha der Buchenwälder im Herzen des Nationalparks zum UNESCO-Welterbe erklärt wurden. Der Nationalpark selbst ist übrigens mit 3070 ha der kleinste seiner Art in Deutschland. Die Beschilderung in Richtung Königsstuhl/Stubbenkammer leitet uns zu einer Straße. An dieser entlang gelangst du gleich zum Parkplatz beim berühmtesten Aussichtsfelsen Norddeutschlands.

Berühmte Kreidefelsen

Der (kostenpflichtige) Panoramagenuss vom 118 m hohen Kreidekliff des 5 / Königsstuhls wird durch das ausgesprochen informative Nationalparkzentrum ergänzt. Allein ist man hier allerdings selten. Vom Parkplatz aus kannst du dich zudem auf den (Fuß-)Weg zur nahen Victoriaaussicht machen, die mindestens ebenso eindrucksvoll ist. Selbst das Schieben eines Rades ist hier aber untersagt. Den royalen Namen verdankt die Victoriaaussicht übrigens dem Besuch König Wilhelms I. und seiner Schwiegertochter, Kronprinzessin Victoria von Preußen, die hier 1865 weilten.

KM 15

Im 5 / Nationalparkzentrum Königsstuhl begeben sich Besucher auf eine Zeitreise, die sie in die Geheimnisse der Kreidelandschaft einweiht. Sie tauchen ab in das warme Kreidemeer, geraten in die kalte Eiszeit und sinken in die Tiefe der Ostsee – super spannend! (www.koenigsstuhl.com)

◂ links / Panoramaansicht von Königsstuhl und Victoriaaussicht
▴ oben / Dichter Buchenwald im Nationalpark Jasmund

ALTE RIESEN
Die ältesten Buchen des Nationalparks sind etwa 260 Jahre alt. In den Karpaten sind sogar Exemplare mit einem Alter von 550 Jahren bekannt.

2005

Die Kreidefelsen sind einer ständigen Erosion ausgesetzt. Bei Unwettern brechen häufig große Gesteinsbrocken aus den Küstenformationen heraus. Weltweit bekannt wurden die Wussower Klinken, die einem gigantischen Uferabbruch im Februar 2005 zum Opfer fielen.

Abschied vom Nationalpark

Für den Weg nach Sassnitz radeln wir zunächst an der Straße zurück bis zur Einmündung unseres Weges. Lediglich ein kurzes Stück fährst du noch auf dem uns schon bekannten Pfad, dann leitet dich ein gut befestigter Weg in Richtung Sassnitz. Wir bleiben dieser Destination treu, radeln unter ständigem Auf und Ab durch den dichten Wald, genießen das durch die grüne Kathedrale schallende Vogelgezwitscher und kommen an einem schön gelegenen 6 / See vorüber – eine Bank lädt hier zur Rast ein. Etwas Ruhe wird sicher nicht schaden, bevor wir uns wieder auf den Weg machen. Wenig später queren wir bei Hagen eine Landstraße und genießen weiterhin das dichte Grün des Nationalparks. Auch auf diesem Abschnitt sammelst du etliche Höhenmeter auf den zahlreichen Steigungs- und Gefällestrecken. Dafür lädt bald eine 7 / Sitzgruppe am Wegesrand zum Verschnaufen ein. Wir bleiben stets auf unserem befestigten Weg, der schließlich abwärts führt und bei einem Parkplatz das Waldgebiet verlässt. Hier biegst du rechts in Richtung Sassnitz ein, rollst abwärts, passierst eine so eindrucksvolle wie ungewöhnliche Oldtimer-Sammlung und schwenkst schließlich an einer größeren Radwegkreuzung links in Richtung der Hafenstadt ein. Uriger Buchenwald begleitet dich noch einmal hinab. Auf der Merkelstraße queren wir bald die Bahnlinie. Unmittelbar danach bringt uns der Birkenweg zum 8 / Bahnhof von Sassnitz und damit zum Ziel.

TOURENINFO / Ein Teil der Tour verläuft auf Radwegen und kleineren Straßen. Im Nationalpark Jasmund radeln wir auf befestigten Waldwegen. Dabei sind einige, teils auch steile, Anstiege und Abfahrten zu bewältigen.

▶ **1 /** Markt Sagard ▶ **2 /** Mühlberg ▶ **3 /** Meerblick ▶ **4 /** Hafen Lohme
▶ **5 /** Königsstuhl ▶ **6 /** Waldsee ▶ **7 /** Sitzgruppe ▶ **8 /** Bahnhof Sassnitz

START
Markt Sagard

ZIEL
Bahnhof Sassnitz

HINKOMMEN
Auto / Parkmöglichkeiten beim Markt
ÖPNV / Bahnhof Sagard (zum Markt über Thälmann- und Bebel-Str.)

GOTIK

Gern bin ich in der Marienkirche von Waase, wo mich der filigrane gotische Altar stets aufs neue fasziniert. Dann geht es in den einsamen Westen von Ummanz.

> **1** / Der Markt in Gingst, Start- und Endpunkt der Tour, gehört zu den schönsten auf Rügen

> **2** / Die Welt im Miniaturformat bereisen im Rügenpark

> **3** / Gotische Kunst in der St.-Marien-Kirche in Waase bestaunen

> **4** / Im Café Zuckerkuss eine Tortenwahl treffen müssen

> **5** / Füße kühlen im Bodden

> **6** / Chillen in der Tiki Bar

> **7** / Den Blick auf Hiddensee genießen vom Rastplatz am Bodden

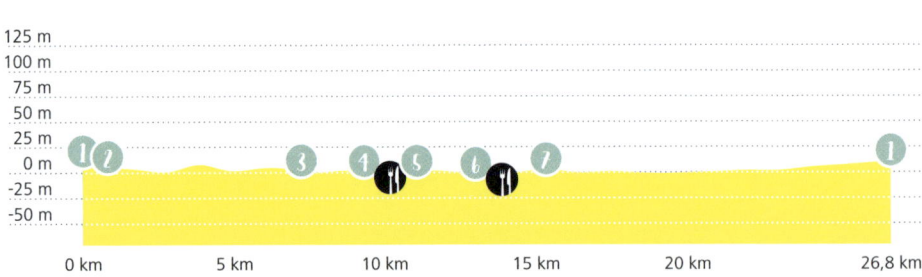

RÜGENS EINSAMER WESTEN

Von Gingst auf die Insel Ummanz

In Gingst steigen wir in den Sattel und lassen den bunten Trubel schnell hinter uns. Auf der Insel Ummanz reicht der Blick über den Bodden bis zu den Türmen von Stralsund. Genießen kann man diesen vom idyllischen Gartencafé Zuckerkuss aus – mit einem Stück Torte auf dem Teller.

27 Kilometer
10 Höhenmeter
2:30 Stunden
Rundtour

Schön, schon vor dem Aufsteigen

Ganz sicher zählt er zu den besonders stimmungsvollen Plätzen auf Rügen: der 1 / Marktplatz in Gingst, der zugleich Start- und Zielpunkt unserer Tour ist. Am Fuße der wuchtigen St.-Jacob-Kirche herrscht zumindest in den Sommermonaten ein geschäftiges Treiben. Kunst- und Keramikgalerie, Bio- und Buchladen sowie zahlreiche Einkehrmöglichkeiten – hier bleiben keine Wünsche offen. Gingst wurde nicht umsonst wiederholt zur schönsten Gemeinde der Insel gewählt. Auch die Touren 19 (s. S. 186) und 20 (s. S. 194) führen durch den Ort. Wir schwingen uns aufs Rad und lassen uns von der Radwegbeschilderung in Richtung Waase leiteten. Entsprechend führt die Route am Café Alte Bäckerei vorüber und verlässt gleich den Ort.

CHARAKTER
Sportlich ●●○○○
Abkühlung ●●●○○
Schlemmen ●●●●○
Panorama ●●●●●

‹ links / Am Deichweg im Westen von Ummanz

Sich wie Gulliver fühlen

Schon nach kurzer Zeit radelst du vorbei am 2 / Rügenpark. Der Miniaturen- und Erlebnispark präsentiert detailgetreu bekannte Bauwerke aus aller Welt im Miniformat. Schiffschaukeln, Loopings, eine Seilbahn und ein Streichelzoo komplettieren das Angebot (in Hauptsaison tgl. 10–18 Uhr, saisonale Öffnungszeiten s. Homepage, Mühlenstraße 22 b, 18569 Gingst, www.ruegenpark.de). Vor allem kleine Radler werden hier begeistert sein – und eventuell die Tour gar nicht so schnell fortsetzen wollen. Diese tangiert im Anschluss das winzige Dorf Kapelle. Danach führt dich eine romantische Eichenallee durch ausgedehnte Felder – eine vorpommersche Landschaft wie gemalt! Die Bäume fegen an uns vorbei und dahinter breiten sich die gelben Rapsfelder und grünen Wiesen aus. Im Herbst kann man auf den abgeernteten Feldern mit etwas Glück Kraniche und Wildgänse beobachten, die hier auf ihrem Zug nach Süden rasten.

WELT .EN MINIATURE
Die Oper von Sydney, die Moskauer Basilius-Kathedrale und die Große Mauer in China – sie alle können im 2 / Rügenpark bewundert werden.

Von Feldern zu Wald

Hinter dem Gingster Ortsteil Volsvitz tauchen wir in den Wald ein und genießen den schattigen Wegabschnitt. Am Querweg orientiert sich die Route links, gelangt gleich zur Straße und führt hier rechts in Richtung Waase weiter. Die Beschilderung leitet uns auf dem gut ausgebauten Radweg nach Mursewiek. Unterwegs wirbt unübersehbar das riesige Pappmaschee-Schwein Rosi, Rügens größte Sau, für den Erlebnisbauernhof Bauer Lange. Dort kann man nicht nur Rosi, Rudi und weitere Hoftiere besuchen, sondern hat mit Strohburg, Trampolinen, Maislabyrinth, Tretfahrzeugverleih und Dumperfahrschule noch mehr Attraktionen für die Kleinen und Großen.

➢ rechts groß / An der Brücke bei Waase   ➢ rechts klein / Marktplatz in Gingst mit der Kirche St. Jacob

KM 0

Hinter der 1 / Gingster Kirche St. Jacob fällt die Grabstele der Familie von der Osten auf. 1718 erhielt sie ihre heutige Gestalt. Bereits 150 Jahre zuvor war dieser Stein allerdings als Sühnestein für einen Mord gefertigt worden: Der Edelmann Preetz hatte den Gingster Pfarrer Krintze 1554 im Streit erschlagen.

> **KM 7**
> Der Flügelaltar in der 3 / Marienkirche in Waase weist den Stil der Spätgotik auf. Er wurde um 1520 gefertigt und zeigt Szenen aus der Passionsgeschichte sowie aus dem Leben Thomas Beckets. Die hochkarätige Kunst wird auf 12 Tafelbildern auf den Flügeln des Altars gezeigt.

Inselfeeling

Du rollst nun durch Mursewiek und überquerst gleich danach die knapp 100 m lange Brücke, die Rügen mit der Insel Ummanz verbindet. Erst seit 1901 tut sie ihren Dienst. Zuvor war die viertgrößte Insel Mecklenburg-Vorpommerns lediglich per Boot zu erreichen. Der Blick auf beiden Seiten schweift weit über die Boddenlandschaft des Focker Stroms. Gleich hinter der Brücke und noch vor der schönen 3 / St.-Marien-Kirche in Waase biegt die Tour links Richtung Wusse ein. Bevor wir abbiegen, statten wir der Marienkirche einen kurzen Besuch ab, birgt sie doch einen reich verzierten gotischen Altar. Dieser stand einst in der Stralsunder Nikolaikirche, musste aber nach Ummanz verkauft werden – das Stadtsäckel der Hansestadt war wohl wieder einmal leer.

PAUSENPLATZ

Entspannen beim Baden oder Picknicken

Wir machen uns nun auf den Weg nach Wusse und rollen direkt an der Uferlinie des Boddens entlang. Noch in Waase lädt aber auch eine Badestelle zur Abkühlung ein. Warum also nicht eine kurze

Pause einlegen? In jedem Falle verlockt der schöne Picknickplatz zu einer Rast. Auf dem Wasser ziehen die Enten schnatternd ihre Kreise, über unseren Köpfen kreischen die Möwen – Urlaubsstimmung pur.

Stralsunds Türme

Zu den wenigen Häusern von Wusse gehört auch das etwas von der Straße rückgesetzte 4 / Gartencafé Zuckerkuss. Der grandiose Blick vom Garten reicht über den Bodden bis zur Skyline von Stralsund. Hoch wie die Türme der altehrwürdigen Hansemetropole sind auch die leckeren selbstgebackenen Torten im Café – die Qual der Wahl erfordert Entscheidungsstärke. Oder man nimmt einfach zwei Stück (in der Saison Di–So 12–17 Uhr, Dorfstraße 11, 18569 Wusse, www.cafe-zuckerkuss.de).

Ab zum Wasser

Unser Sträßchen bringt uns nun nach Suhrendorf, wo ebenfalls ein beschilderter Kurzabstecher zum 5 / Bodden möglich ist. Bald radelst du an der Ferienanlage des Regenbogencamps vorüber, wo auch eine Surfschule ihre Pforten geöffnet hat. In traumhafter

LIVE

Ummanzer Jazz- oder Popkonzerte im Garten mit Blick auf Stralsund gibt es nicht? Gibt es (manchmal) doch! Einfach einen Blick auf die Website des 4 / Cafés Zuckerkuss werfen.

◀ links / Wie wäre es mit einem Stück Torte? ▲ oben / Im Hafen Suhrendorf

KM 15
Die Vogelwelt auf dem Bodden zwischen Hiddensee und Ummanz ist so artenreich, dass man Fernglas und Vogelbestimmungsbuch (oder -app) im Gepäck haben sollte.

SUP

Wer mag, kann sich im 6 / Wassersportcenter beim Regenbogencamp im Wind- und Kitesurfen oder beim Stand-up-Paddling ausprobieren. Hier wird in entspannter Atmosphäre eine große Kursbandbreite im größten Stehrevier Deutschlands angeboten.

Lage chillen kannst du in der dazugehörigen 6 / Tiki Bar im Surfhostel (Regenbogencamp, in der Saison Mi–So ab 17 Uhr, 18569 Suhrendorf, www.ummaii.de). Und wie wäre es mit einem spontanen SUP-Schnupperkurs? Die Bedingungen im flachen Wasser vor der Küste sind ideal.

Fernweh

Wenige Pedaltritte weiter orientieren wir uns am Weiser links in Richtung Hiddenseeblick/Deichweg und genießen die Rastplatzaussicht auf das gut sichtbare Eiland am Horizont. Angesichts dieses Sehnsuchtsortes strömt gleich eine kleine Portion Fernweh durch unseren Körper. Wir radeln auf dem Deichweg nach rechts. Ein „dauerschönes" Panorama auf den Bodden und seine reiche Vogelwelt begleitet uns auf diesem Abschnitt. Bei einem idyllisch gelegenen 7 / Picknickplatz können wir noch einen Stopp einlegen und das Fernglas auspacken. Kormorane, Silber- und Mantelmöwen, Enten und Gänse lassen sich gut von hier beobachten. Der Weg führt uns nun herab vom Deich und auf einem befestigten Weg hin zur Straße. An dieser rollen wir links, passieren Markow und erreichen schließlich wieder Waase. Geradewegs surren die Pneu über die Brücke und durch das bereits bekannte Mursewiek. Von nun an leiten uns die Weiser in Richtung Gingst. Auf dem fahrbahnbegleitenden Radweg radeln wir entsprechend des Straßenverlaufs bis zum Ausgangsort. Am 1 / Markt in Gingst kannst du die Tour gemütlich ausklingen lassen.

TOURENINFO / Der größte Teil der Tour verläuft auf Radwegen und kleineren Straßen. Kinder sind sicher von den Attraktionen des Rügenparks begeistert. Am Bodden erwarten uns auf der Insel Ummanz einige Badestellen.

▸ **1 /** Markt Gingst ▸ **2 /** Rügenpark ▸ **3 /** St.-Marien-Kirche in Waase ▸ **4 /** Café Zuckerkuss ▸ **5 /** Bodden ▸ **6 /** Tiki Bar ▸ **7 /** Rastplatz

FEIERABEND-RIDE 5

FARBENRAUSCH

Im Mai und Juni darf man am Rhododendronpark in Graal-Müritz einfach nicht vorbeifahren – während der Blütezeit ist ein Besuch ein Muss.

> **1 /** Beim Haus des Gastes in Dierhagen starten wir unsere Tour

> **2 /** Im Neuhäuser Moor eine kurze Rundwanderung unternehmen

> **3 /** Über die Seebrücke von Graal-Müritz flanieren

> **4 /** Während der Blütezeit auf keinen Fall den Rhododendronpark verpassen

> **5 /** In der Schutzhütte inmitten der Rostocker Heide rasten

> **6 /** Vom Aussichtsturm die Tierwelt des Naturschutzgebiets Heiligensee beobachten

> **7 /** Vom Bahnhof Warnemünde noch einen Abstecher in die Innenstadt unternehmen

DIE ROSTOCKER HEIDE

Vom **Fischland**
zum **Warnemünder Hafen**

Zwischen Küstenwald und Strand radeln wir in Richtung Graal-Müritz. Dort entscheiden wir uns im Frühjahr für einen Besuch des Rhododendronparks, bevor die Route durch den Kurwald aus knorrigen Buchen in die Rostocker Heide eintaucht und schließlich Warnemünde erreicht.

26 Kilometer
10 Höhenmeter
2:15 Stunden
Streckentour

Aufsatteln!

Beim 1 / Haus des Gastes in Dierhagen Strand (wo auch Tour 17, s. S. 159, vorbeikommt) steigen wir aufs Rad und biegen gleich vom Sträßchen Am Hain rechts in die Ahornstraße ein. Kurz vor dem Strand schwenken wir links in die Waldstraße. An den zahlreichen Kiosken kannst du dich aber auch noch einmal mit Verpflegung eindecken – die Auswahl an Snacks ist hier groß. Du radelst jetzt auf der Waldstraße weiter und

CHARAKTER
Sportlich ●●●○○
Abkühlung ●●●●●
Schlemmen ●●●○○
Panorama ●●●○○

folgst damit auch dem Ostseeküstenradweg, dessen Weiser uns bis Warnemünde leiten. Zunächst sind wir nun in Richtung Graal-Müritz unterwegs. Gleich empfängt uns der kühle Schatten des dichten Küstenwaldes. An Kreuzungen und Verzweigungen ist stets auf die Beschilderung des Fernradweges zu achten. Wir überqueren bald

◀ links / Auch von oben schön: Rhododendronpark in Graal-Müritz

ein Asphaltsträßchen und biegen später auf einen Teerweg rechts ein. In einem neuen Wohngebiet leitet uns die Route über den Hecken- und den Hagebuttenweg, bevor wir an einem Zeltplatz entlangradeln.

Über Bohlen im Moor spazieren

Gleich nach diesem lädt ein Weiser zu einer kurzen Rundwanderung durch das Naturschutzgebiet 2 / Neuhäuser Moor ein. Der nur 400 m lange Rundkurs lohnt sich sehr. Er entführt dich in eine verwunschene Welt stiller, grundloser Seen und schwankender Bohlenwege. Kaum zu glauben, dass hier bis zum Beginn des 20. Jahrhunderts noch Torf abgebaut wurde – die kleinen Teiche sind alte Torfgruben und entsprechend tief! Das Moor befindet sich in der Regeneration. So ist gegenwärtig der Wasserstand in großen Teilen des Areals noch zu niedrig. Die weitere Radtour führt dann auf schattigen Wegen zwischen Moor und Stranddünen entlang. Zahlreiche Strandaufgänge bieten sich für einen Abstecher an den breiten Sandstrand und zum Meer an. Vielleicht steht dir ja schon jetzt der Sinn nach einer Abkühlung? Die Turmschneise und andere Wege ins Ribnitzer Große Moor ignorieren wir.

SHOPPEN IM HAFEN

Jeden Dienstag und Freitag Vormittag findet im Hafen von 1 / Dierhagen ein Markt mit regionalen Produkten statt – entspanntes Schlendern garantiert!

Ostseeheilbad mit Tradition

Vor den ersten Häusern von Graal-Müritz biegen wir gegenüber dem Kafka-Weg rechts auf den Deichweg ein. Eine ganze Reihe von Kiosken bieten am Dünenweg Eis und Snacks an. Bei der immerhin 350 m langen 3 / Seebrücke des Ostseeheilbades schwenkt die Route links und biegt entsprechend der Beschilderung Markgrafenheide/Warnemünde gleich rechts in den Küstenwald aus knorrigen Buchen ein. Ein Abstecher zum nahen und unübersehbar beschilderten 4 / Rhododendronpark ist vor allem während der

---

▶ rechts groß / Seebrücke Graal-Müritz ▶ rechts klein / Im Neuhäuser Moor

KM 0

In allen Orten der Halbinsel wird das Tonnenabschlagen begangen. Im vollen Galopp versuchen die Reiter dabei mit einem Holzknüppel auf ein festlich geschmücktes Heringsfass einzuschlagen. Derjenige, der schließlich den Boden herausschlägt, wird Tonnenkönig! In 1 / Dierhagen findet das Event am 2. Samstag im August statt.

FILMNACHT
1 / Dierhagen
Jeden Sommer stellt es sich in merkino Blinkfeuer wieder ein: das Sommerkino Blinkfeuer. Gezeigt werden Kultfilme und aktuelle Streifen – nicht nur etwas für Regentage.

Blütezeit lohnend. Im Mai und Juni tauchen über 2500 Pflanzen das 4,5 ha große Gelände in einen Farbenrausch. Am Bahnhof in Graal-Müritz startet und endet auch Tour 7 (s. S. 57).

Abschied von der Küste

Du radelst nun noch ein Stück parallel zu den Dünen. Erst bei Tommy's Pavillon hält sich die Tour beschildert landwärts in den Kurwald. Outdoorliegen unter dichtem Blätterdach laden hier zum Waldbaden ein, während das Rascheln der Blätter mit dem Wellenrauschen verschmilzt. Im weiteren Verlauf sollten die Weiser Markgrafenheide/Warnemünde im Auge behalten werden. Wir tangieren einen kleinen Parkplatz, fahren rechts von diesem in den Wald und überqueren dort einen idyllischen Flusslauf mit blühenden Seerosen. Bald geht es auf Asphalt an einem Campingplatz

IM MEER ODER IM WALD BADEN?

entlang. An der Vorfahrtstraße hält sich die Tour links, biegt dann aber schon nach wenigen Pedaltritten rechts auf einen schönen Waldweg ein.

Durch Wald und Heidelandschaft

Du radelst nun durch die ausgedehnten Mischwaldbestände und Nadelforste der Rostocker Heide. Eine kühle Brise und der erdige Geruch von Laub und Moos empfängt dich im größten Küstenwald Deutschlands. Die Route behält die Destination Markgrafenheide bei und passiert eine 5 / Schutzhütte beim Abzweig zum (meist) einsamen Strand am Stolper Ort. Wir radeln geradeaus weiter. Später surren die Pneu dann kurzzeitig über Asphalt, der aber bald wieder verlassen wird. Dafür leitet uns ein Weiser zu einem nur 100 m entfernten 6 / Aussichtsturm. Über Schilf- und Wasserflächen schweift der Blick über das Naturschutzgebiet Heiligensee bis zur Schifffahrrinne vor Warnemünde, sodass nicht selten Ozean-

KM 25

Im Rostocker Stadtteil Hohe Düne ist beim Jachthafen an der Ostmole das Forschungsschiff Lichtenberg vertäut. Hier arbeitet das Marine Science Center mit zwölf Seehunden, zwei Seelöwen und einem Seebären. Besuche sind möglich (www.marine-science-center.de).

◂ links / Nicht nur wir sind mit dem Rad unterwegs: Strand bei Warnemünde ▴ oben / Schön beschaulich: die Alexandrinenstraße in Warnemünde

ALEXANDRINEN-STRASSE
Wie mag wohl früher das Leben in 7 / Warnemünde ausgesehen haben? Die Antwort findet man in der pittoresken Alexandrinenstraße im Heimatmuseum (Nr. 31).

135

Wer das geschäftige 7 / Warnemünde lieber entrückt und von oben betrachten möchte, der ist beim hiesigen Leuchtturm genau richtig. 135 Stufen führen in luftige 31 m Höhe. Der Blick ist grandios!

riesen am Horizont zu entdecken sind. Ein Bild, von dem man sich gar nicht trennen mag.

Zurück zur Küste und nach Warnemünde
Bald erreicht die Route nun eine Landstraße, die hier gequert wird. Fahrbahnbegleitend radeln wir nach rechts. Die Tour führt immer neben der Straße durch das Ostseebad Markgrafenheide und passiert auf dem nächsten Abschnitt zahlreiche Strandaufgänge. Linker Hand fällt eine große Kaserne der Marine auf. Im Rostocker Stadtteil Hohe Düne orientierst du dich dann zum Anleger der ständig pendelnden Fähre hin und setzt mit schönem Blick auf den traditionsreichen Hafen nach Warnemünde über. Dort führt dich die Beschilderung zum 7 / Bahnhof des Rostocker Stadtteils, dem Ziel dieser Tour. Bevor wir uns auf den Rückweg machen, stürzen wir uns noch in den hier meist herrschenden Trubel um das berühmte Ensemble von Leuchtturm und Teepott. Bereits seit 1897 lotst der Turm mit seinem auffälligen kugelförmigen Kupferdach die Schiffe in den Warnemünder Hafen. Ferngesteuert strahlt sein Leuchtfeuer beeindruckende 37 km übers Meer. Ganz so weit reicht unser Blick bei einer Besteigung natürlich nicht – das Panorama über Ostsee, Warnemünde und Rostock ist trotzdem grandios. Von oben hast du auch die beste Sicht auf die schwungvolle Dachkonstruktion des berühmten Teepotts – das Warnemünder Wahrzeichen wurde 1968 nach einem Entwurf des Rügener Architekten Ulrich Müther errichtet. Gleich nebenan verlockt der teilweise über 100 m breite Strand zu einem Bad in den blauen Ostseewellen – der perfekte Ausklang für unsere Tour.

TOURENINFO / Die Tour verläuft auf gut ausgebauten, familienfeundlichen Rad- und Waldwegen. Badesachen einpacken.

▶ **1 /** Haus des Gastes Dierhagen ▶ **2 /** Rundweg Neuhäuser Moor ▶ **3 /** Seebrücke Graal-Müritz ▶ **4 /** Rhododendronpark ▶ **5 /** Schutzhütte ▶ **6 /** Aussichtsturm ▶ **7 /** Bahnhof Warnemünde

LECKER!

Ich freue mich jedes Mal schon auf den selbstgebackenen Joghurt-Blaubeer-Kuchen im Waldcafé Meyers Hausstelle. Unbedingt probieren!

▶ **1 /** Am Bahnhof von Graal-Müritz schwingen wir uns aufs Rad und kehren am Tourenende hierher zurück.

▶ **2 /** Bei der riesigen Jagdeiche den Kopf in den Nacken legen und staunen

▶ **3 /** Idyllischer pausiert man nirgends – das Waldcafé Meyers Hausstelle

▶ **4 /** Märchenkulisse im Wald – das Jagdschloss Gelbensande

▶ **5 /** Rasten in der Schutzhütte inmitten der Rostocker Heide

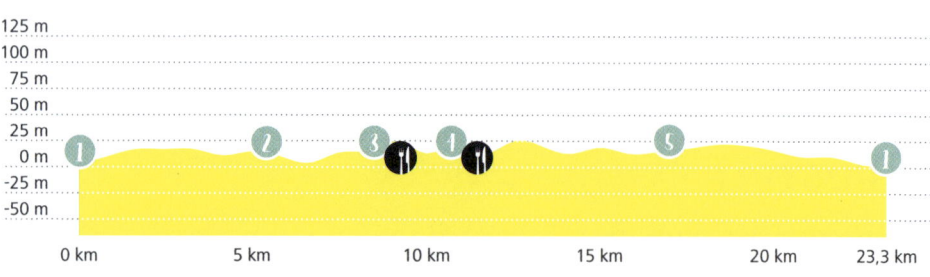

ARCHITEKTURPERLE

Durch die **Rostocker Heide** *zum*
Jagdschloss Gelbensande

Wir erkunden das waldreiche Hinterland von Graal-Müritz. In traumhafter Lage pausieren kannst du beim Waldcafé Meyers Hausstelle. Spektakuläre Märchenschloss-Architektur erwartet dich schließlich beim Jagdschloss Gelbensande.

Auf geht's!

Das Ostseebad Graal-Müritz, durch das uns auch Tour 6 führt, s. S. 50, erstreckt sich fast 5 km entlang der Ostseeküste. Ebenso lang ist der breite, weiße Sandstrand. Nach der Tour erwartet uns also ein Badevergnügen unter besten Voraussetzungen! Auf dem Weg durch den Ort fallen die für viele ehemalige Fischerdörfer charakteristischen schilfgedeckten Häuser ins Auge. Bei diesen historischen Büdner-Häusern handelt es sich um restaurierte Fischerkaten. Wir starten und beenden unsere Route am 1 / Bahnhof des Ostseebades. Vom Bahnsteig kommend schwenken wir rechts auf die Lange Straße und radeln dann bei dem links abbiegenden Hauptstraßenverlauf geradewegs auf dem Graaler Landweg weiter. Auch beim Haus Nummer 12 behalten wir diese Richtung bei und fahren so auf dem be-

23 Kilometer
45 Höhenmeter
2:15 Stunden
Rundtour

CHARAKTER
Sportlich ●●●○○
Abkühlung ●●○○○
Schlemmen ●●●●○
Panorama ●●○○○

◄ links / Jagdschloss Gelbensande

festigten Weg geradeaus. Ein Weiser zeigt hier die Destination Gelbensande an. Erst 400 m später schwenkst du beschildert vor einem kleinen Solarpark rechts in Richtung Jagdschloss Gelbensande ein.

Eichen sollst du nicht weichen

Du radelst nun durch schönen, schattigen Mischwald – dichtes Grün und Vogelgezwitscher begleiten dich. Bald schon surren die Pneu wieder über Asphalt. Unser Teerweg mäandriert durch den Wald und nimmt bei einem schönen Rastplatz unter einer großen Kiefer einen weiteren Radweg auf. Nur wenige Pedaltritte weiter bewundern wir die mächtige Kreuzeiche, dann leitet die Route gleich hin zur nicht minder beeindruckenden 2 / Jagdeiche. Himmelhoch ragt sie an einer Wegeverzweigung auf. Hier orientiert sich die Tour entsprechend der Beschilderung Gelbensande nach rechts.

DER GRÖSSTE
Die Rostocker Heide ist der größte deutsche Küstenwald: Sie ist immerhin 6000 ha groß. Das gibt viel Raum für artenreiche Vielfalt. Selbst Eisvögel und brütende Kraniche sind hier zu Hause!

Durch die Rostocker Heide

Du radelst nun durch das Herz des Nationalen Naturerbes Gelbensander Forst, einem Teil der Rostocker Heide. In diesem Naturschutzgebiet säumen Bruchwälder, Lichtungen, alte Entwässerungsgräben, mächtige Buchen und Eichen deinen Weg. Mit etwas Glück ist auf Freiflächen der Schwarzstorch anzutreffen. Legst du den Kopf in den Nacken, siehst du vielleicht einen Seeadler kreisen. In diesem Bereich der Rostocker Heide war es allerdings nicht immer so friedlich: Als ehemaliger militärischer Standortübungsplatz gelten einige Randbereiche des Gebietes noch immer als munitionsbelastet und dürfen nicht betreten werden. Nach 1990 wurde damit begonnen, militärische Anlagen aufzulassen und das Gebiet zu renaturieren.

➤ rechts groß / Naturschutzgebiet Gelbensander Forst ➤ rechts klein / Ein dichtes Radwegnetz durchzieht den Wald

BLAU

Gleich bei 1 / Graal-Müritz erstreckt sich das Müritz-Ribnitzer Große Moor. Alljährlich im April schwappt zwei bis drei Wochen eine blaue Welle über das Naturschutzgebiet – dann macht sich nämlich der Moorfrosch auf den Weg zu seinen dortigen Laichgründen. Für wenige Tage trägt er dabei sein blitzeblaues Hochzeitskleid. Geführte Wanderungen buchbar!

IDYLLISCH EINSAM

Vor 250 Jahren lebte hier nur der Schlagbaumwärter Meyer mitten im Wald, heute ist Meyers Hausstelle ein traumhaftes 3 / Waldcafé. Vor allem Radler steuern es an.

KUCHEN-FREUDEN

Traditionsreicher Forsthof

Du bleibst nun immer auf dem Asphaltweg und gelangst schließlich zum einsam und idyllisch gelegenen 3 / Waldcafé Meyers Hausstelle. Die Gebäude gehören zu einem ehemaligen Forsthof, der bereits Ende des 18. Jahrhunderts errichtet wurde. Der erste namentlich genannte Bewohner war ein dort ansässiger Schlagbaumwärter namens Meyer, der hier seinen Dienst an der Grenze zwischen dem städtischen und dem landesherrschaftlichen Besitz in der Rostocker Heide tat. Erstmals aktenkundig wurde Herr Meyer 1765. Im Garten des Anwesens lässt es sich herrlich im Grünen unterm Sonnenschirm pausieren. Auch der Rückweg wird uns wieder hier vorbeiführen, aber vielleicht hast du ja schon jetzt Lust auf ein Eis und eine gemütliche Rast (Do–Mo 10–18 Uhr, Meyers Hausstelle 1, 18182 Rostock, www.meyers-hausstelle.de). Kinder werden sich besonders über das Ziegengehege und die Modelleisenbahnanlage freuen.

Auf großherzoglichen Spuren

An der Gabelung unweit des Cafés hält sich die Route beschildert links und gelangt so bald ins Örtchen Gelbensande. An der Lindenstraße orientierst du dich links und lässt dich dann von der Beschilderung auf dem Schlossweg zum 4 / Jagdschloss Gelbensande leiten, das Residenz der mecklenburgischen Landesfürsten war. Mitten im Wald stehst du dann plötzlich vor dem baumumstandenen Märchenschlösschen mit seinen Erkern und Türmchen. Einst diente es als Sommerresidenz von Friedrich Franz III., der Ende des 19. Jahrhunderts als Großherzog von Mecklenburg-Schwerin amtierte. Das hiesige Reizklima zwischen Wald und Meer machte ihm seine schwere Asthmaerkrankung erträglicher. Die russischen Stilelemente der Fassade gehen auf entsprechende Vorstellungen seiner Gattin, der Großherzogin Anastasia, zurück, die der Zarenfamilie entstammte. Hier kannst du das Rad erst einmal an einen Baum lehnen, rund um das grandiose Bauwerk spazieren und die frische Waldluft genießen – kein Wunder, dass sich Friedrich Franz hier wohlfühlte. Nimm dir ruhig die Zeit für den lohnenden Besuch des Museums. Kinder können sich dort auf eine spannende

1904 fand im 4 / Jagdschloss die Verlobung von Cecilie von Mecklenburg-Schwerin mit dem preußischen Kronprinzen Wilhelm statt. Als in der Nähe ein Waldbrand ausbrach, unterstützen der Bräutigam in spe und seine Gäste tatkräftig die Gelbensander Feuerwehr.

◀ links / Waldcafé Meyers Hausstelle ▲ oben / Wer will, kann in Graal-Müritz einen Abstecher zur Seebrücke machen

SCHWARZ
Mit viel Glück lässt sich in weniger dichten Waldbereichen der Rostocker Heide der Schwarzstorch beobachten.

Mäusesuche begeben. Zudem lädt ein herrlich zu Füßen des Baus gelegenes Café (Am Jagdschloss 1, 18182 Gelbensande, www.restaurant-fasano-jagdschloss.com) zur Einkehr ein.

Auf dem Rückweg
Schließlich radeln wir wieder zurück in den Ort und zum 3 / Waldcafé Meyers Hausstelle. Gleich hinter diesem wendest du dich am Rückweg nun aber links auf den Asphaltweg in Richtung Rövershagen. Nur 250 m weiter biegt die Tour dann rechts in Richtung Graal-Müritz ein. Wir tauchen wieder in das Waldgebiet der Rostocker Heide ein, immerhin der größte zusammenhängende Küstenwald Deutschlands. An einer markanten Gabelung hält sich die Route links, wobei wir für ein kurzes Stück von etwa einem Kilometer mit einigen sandigen Passagen rechnen müssen. Schließlich gelangst du zu einem beschilderten großen Querweg. Hier wendet sich die Tour nach rechts in Richtung Graal-Müritz und verläuft nun schnurgerade durch die schöne Heidelandschaft.

Letzte Rast vorm Endspurt
Bei einer 5 / Schutzhütte an einer großen Kreuzung kannst du gut noch eine kurze Rast einlegen, bevor du dich am Weiser entsprechend der Destination Graal-Müritz links hältst. Bald werden die Bahnlinie und die Straße überquert. Am fahrbahnbegleitenden Radweg wenden wir uns rechts. Schließlich leitet uns die Beschilderung am Ortsrand von Torfbrücke entlang und wieder zur Straße. Endlich erreichst du Graal-Müritz, wo dich der Straßenverlauf zurück zum 1 / Bahnhof bringt. Nun bleibt nur noch ein erfrischendes Bad in den Ostseewellen am breiten Sandstrand des Ortes.

HEIDE-LANDSCHAFT

2000
In 1 / Graal-Müritz ist einer der größten Rhododendronparks Deutschlands zu finden. Im Mai und Juni blühen die mehr als 2000 Pflanzen. Dann ist ein Besuch ein Muss!

TOURENINFO / Die Tour verläuft auf Rad-und Waldwegen, wobei einige kurze sandige Passagen zu bewältigen sind.

➤ 1 / Bahnhof Graal-Müritz ➤ 2 / Jagdeiche ➤ 3 / Waldcafé ➤ 4 / Jagdschloss
➤ 5 / Schutzhütte

JUNGES LAND

Am Darßer Ort erklimme ich immer die 134 Stufen des Leuchtturms. Der Blick ist überwältigend – vor allem auf die Jahr für Jahr weiter ins Meer hinauswachsenden Sandbänke.

▸ **1 /** Am Tourenanfang oder -ende die tolle Ausstellung in der Darßer Arche in Wieck besuchen

▸ **2 /** Am Peterskreuz dem Vogelkonzert lauschen

▸ **3 /** Über das ehemalige Meeresufer weit im Landesinneren staunen

▸ **4 /** Den Leuchtturm am Darßer Ort besteigen

▸ **5 /** Mit einem Eis in der Hand über die Prerower Seebrücke spazieren

▸ **6 /** Vom Vogelbeobachtungsturm über den Prerowstrom schauen

134 STUFEN PANORAMA

Durch den *Darßwald* zum
Leuchtturm am Darßer Ort

Von Wieck radeln wir hinein ins dichte Grün des Darßwaldes. Dort kommen wir am ehemaligen Meeresufer zum Halten, bevor der Leuchtturm am Darßer Ort erklommen wird. Nach einer kurzen Wanderung geht es zurück nach Wieck.

Start an der Darßer Arche
Das kleine Boddendorf Wieck beherbergt mit der 1 / Darßer Arche Mecklenburg-Vorpommerns modernstes Nationalparkzentrum. Der Nationalpark Vorpommersche Boddenlandschaft umfasst große Teile der Halbinsel Fischland-Darß-Zingst, sodass du dich mit einem Besuch der spannenden Ausstellung schon einmal wunderbar auf die Radtour einstimmen kannst (Juni–Sept. tgl. 9–17, Mai, Okt. tgl. 10–17, Nov.–März Mo–Fr 8–16, April tgl. 8–16 Uhr, Bliesenrader Weg 2, 18375 Wieck, www.darsser-arche.de). Zu guter Letzt verwöhnt das hauseigene Café Fernblau mit leckeren Kuchen und Torten. Wir schwingen uns aber erst einmal vor dem auch architektonisch sehr eindrucksvollen Gebäude der Darßer Arche aufs Rad und folgen der Hauptstraße lediglich 20 m nach links. Gleich biegt die Route ins

28 Kilometer
11 Höhenmeter
2:30 Stunden
Rundtour

CHARAKTER
Sportlich ●●●○○
Abkühlung ●●●●●
Schlemmen ●●●○○
Panorama ●●●●●

◄ links / Die Aussicht ist jede der 14 Stufen wert: Leuchtturm am Darßer Ort

Sträßchen Nordseite ein, auf dem sie bis zur verkehrsreichen Bäderstraße verläuft. Diese wird gequert, direkt gegenüber leitet uns die Nordseite in Richtung Weststrand in den Wald, wo sich unsere Tour auf einem recht schmalen Waldweg fortsetzt. Ein Hinweisschild begrüßt uns hier auf dem Gebiet des Nationalparks Vorpommersche Boddenlandschaft. Seine wandernde Küstenlinie und die Bodden, die einzigartigen Lagunen der Ostsee, zeichnen ihn aus. Der Park wurde 1990 gegründet und ist mit einer Fläche von fast 800 km² der drittgrößte in Deutschland. Wasserflächen der Ostsee und ihrer Lagunen machen etwa vier Fünftel seines Territoriums aus, lediglich 8 % werden von Wald bedeckt. In diesen radelst du nun hinein.

GROSSES SCHIFF IN KLEINEM DORF

Seit dem Jahr 2000 hat die 1 / Darßer Arche in der Form eines Schiffes in Wieck festgemacht. Die Ausstellung informiert über den Nationalpark.

Meeresufer im Urwald

Das dämmrige Grün des Darßer Urwaldes hüllt dich ein, während du dich von der Beschilderung Weststrand und Peterskreuz leiten lässt. Die große 2 / Kreuzung Peterskreuz ist bald erreicht. Von Wieck bis hierher läuft Tour 16 parallel (s. S. 145). An der Kreuzung schwenkt die Route halblinks in Richtung Parkplatz Drei Eichen ein. Besonders in den Morgen- und Abendstunden macht ein vielstimmiges Vogelkonzert das Radeln auch zu einem akustischen Genuss. Der breite, befestigte Weg führt weiter durch den urwüchsigen Wald, dessen Boden oft mannshoch mit Adlerfarn bedeckt ist. An einer beschilderten Kreuzung nach 1,5 km biegt die Tour rechts in Richtung Leuchtturm über Großen Stern ein und nutzt nun den schmalen Radweg neben dem Reitweg. Nicht lange und wir gelangen zum Großen Stern, wo wir uns nach rechts orientieren: Auf dem k-Gestell trittst du jetzt in Richtung Leuchtturm in die Pedale. Gleich passieren wir eine zur Rast verlockende, reetgedeckte Schutzhütte. Warum nicht eine kurze Pause einlegen und sich von

› rechts / Dichtes Grün im Darßer Urwald

KM 6

Kaum zu glauben, aber wahr: Vor 3000 Jahren brandete die Ostsee an ein Kliff mitten im Wald! Veränderungen der Meeresströmungen führten dann zu verstärkter Anlandung von Schwemmsand – der Strand wanderte nach Norden. Im Waldgebiet ist noch heute der Wechsel zwischen Dünenkämmen und Dünentälern gut zu erkennen.

> **LANGE TRADITION**
>
> Der **4 / Leuchtturm am Darßer Ort** ist einer der ältesten der deutschen Ostseeküste. Nachdem er 1848 erbaut wurde, wachte bis 1978 ein Leuchtturmwärter über den Betrieb. Auch heute ist er noch, elektronisch gesteuert, im Einsatz.

der urwüchsigen Natur ringsum beeindrucken lassen? Kaum zur Weiterfahrt gestartet, kommen wir an einer Infotafel zum Halten. Deren Text will erst einmal erfasst werden: Noch vor 6000 Jahren befand sich an dieser Stelle das 3 / Meeresufer, hier brandete die tosende Ostsee gegen ein Kliff. Erst vor drei Jahrtausenden begann sich Schwemmsand anzulagern, der den geologisch sehr jungen Neudarß entstehen ließ. Auf diesem jungen Grund radeln wir nun weiter und kommen kurz darauf am Grab des Forstmeisters Ferdinand von Raesfeld vorüber.

AM MEERES-GRUND RADELN

Wo der Darß am jüngsten ist: der Darßer Ort

Sumpfige Wälder mit dunklen Wasserlachen zwischen knorrigen Baumwurzeln beeindrucken am Wegesrand. Wir orientieren uns stets an der 4 / Destination Leuchtturm und biegen entsprechend auf den asphaltierten Leuchtturmweg links ein. Gleich stehen wir am Fuß des hoch aufragenden Leuchtfeuers und legen den Kopf in den Nacken – auf 35 m Höhe kommt das 1848 am hiesigen Darßer Ort errichtete Bauwerk. Bis 1978 war es sogar mit einem

Leuchtturmwärter bemannt. Selbst heute noch ist der Turm – mit elektronischer Steuerung – in Betrieb, denn er warnt vor den Untiefen der Darßer Schwelle. Auf keinen Fall solltest du den unvergesslichen Ausblick von oben versäumen! Dieser ist jede einzelne der 134 Stufen wert. Im alten Wärterhaus informiert eine Ausstellung über Flora und Fauna sowie über die Küstendynamik am Darßer Ort, der nordwestlichen Spitze der Halbinsel Fischland-Darß-Zingst. Auch ein gemütliches Café lädt hier zum Verweilen ein (Juni–Aug. 10–18, Mai, Sept., Okt. 10–17, Nov.–April Mi–So 10–16 Uhr).

Zu Fuß ins Neuland

Eine wunderbare Möglichkeit, dem erst in jüngster Vergangenheit entstandenen Land am Darßer Ort auf die Spur zu kommen, ist eine kleine Wanderung von etwa 75 Minuten Dauer. Du parkst dein Rad beim Leuchtturm, gehst zum nahen Weststrand und hältst dich dort rechts. Bei der Nationalparkabsperrung gelangst du zum Beginn eines Rundwanderweges durch die Kernzone des Schutzgebietes. Hier folgst du einem Bohlenweg durch die von jungen Dünen, Seen, Schilfbereichen und einer erst zaghaft um

EIS-DIEBE!

Silbermöwen sind gut an den grauen Flügeldecken und rosafarbenen Beinen erkennbar. Recht häufig betteln sie Spaziergänger an – werden sie gefüttert, entwickeln sich die cleveren Tiere schnell zu Eis- und Picknickdieben.

◀ links / Durch die Weiden bei Prerow ▲ oben / Wasserbüffel in der Nähe von Prerow

EXOTEN
Man traut kaum seinen Augen: Auf den Weiden um Born sind häufig Wasserbüffel anzutreffen. Circa 200–300 dieser Tiere werden auf dem Gut Darß gehalten.

sich greifenden Vegetation geprägten Landschaft. Einen Überblick – auch über die reiche Vogelwelt – kann man sich von mehreren Aussichtsplattformen verschaffen. Am einzigen Weiser unterwegs gehst du dann rechts zurück zum Leuchtturm.

Abstecher zu Seebrücke und Strand
Anschließend kehren wir dem Turm den Rücken und radeln zurück zum letzten Weiser. Hier geht es nach links, um die Zeltplatzstraße für die Fahrt nach Prerow zu nutzen. Die Beschilderung leitet uns nach Prerow, wo wir bei den ersten Häusern links auf den Weg in Richtung Seebrücke einbiegen. Gleich radeln wir auf einem Deichweg, von dem wir kurz nach der Freilichtbühne einen Abstecher zur 5 / Seebrücke und zum Strand unternehmen können. Neben einem erfrischenden Bad in der Ostsee lockt hier auch ein leckeres Eis in einem der Strandcafés.

Wo die Wasserbüffel grasen
Zurück am Deichweg folgen wir diesem weiter und biegen erst beim dritten Weiser rechts in Richtung Wieck ein. An der Ampel quert die Tour die Bäderstraße, verläuft auf dem Sträßchen schräg rechts gegenüber und hält sich dort nach wenigen Metern entsprechend der Radwegbeschilderung nach Wieck rechts. Nun radelst du auf einem weiteren besonders schönen Abschnitt der Tour: Oft weidet eine Wasserbüffelherde stoisch am Wegesrand und mehrere 6 / Vogelbeobachtungstürme locken mit ihrem reizvollen Panorama. Unter dem weiten Himmel führt uns die Radwegbeschilderung schließlich zurück nach 1 / Wieck.

1728

Eine der schönsten Kirchen auf der Halbinsel ist zugleich die älteste: Das Prerower Gotteshaus stammt aus dem Jahr 1728. Besonders stimmungsvoll ist der Friedhof mit zahlreichen alten Grabsteinen. Im Inneren ist die Seemannskirche vom Barock geprägt.

TOURENINFO / Die Tour verläuft auf Rad- und teilweise recht schmalen Waldwegen. Für Anhänger deshalb ungeeignet. Badesachen einpacken.

› **1 /** Nationalparkausstellung Wieck › **2 /** Peterskreuz › **3 /** Ehemaliges Ufer › **4 /** Leuchtturm am Darßer Ort › **5 /** Prerow Seebrücke › **6 /** Vogelbeobachtungsturm

BODDENFAHRT

Vom Barther Hafen fahre ich nach der Tour ganz entspannt mit der Fähre durch den inselreichen Barther Bodden zurück nach Zingst.

➤ **1** / Am Zingster Hafen schwingen wir uns aufs Rad

➤ **2** / Von der Aussichtsplattform über den Zingster Strom schauen

➤ **3** / Das altehrwürdige Monstrum der Meiningenbrücke bestaunen

➤ **4** / In Pruchten mit einem Eis in der Hand zum Ufer des Barther Stroms spazieren

➤ **5** / In Barth sich einen Überblick vom Turm der Marienkirche verschaffen

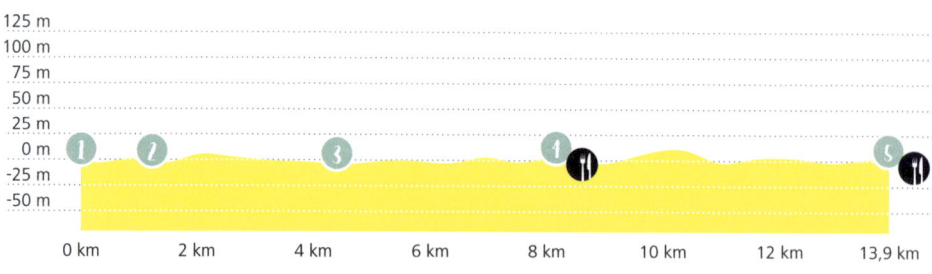

EISERNES UNGETÜM

Von Zingst *über den* Meiningenstrom *nach* Barth

Wahrscheinlich hätten wir die Tour so nie unternommen, wäre da nicht das vor sich hin rostende, eiserne Monstrum der Meiningenbrücke. Das Bauwerk ist zwar nicht pittoresk, aber trotzdem unbedingt einen Besuch wert! Unterwegs werfen wir noch einen Blick auf die Vogelinsel Kirr. Optional: Zum Abschluss können wir uns auf eine entspannte Fährfahrt durch den Bodden retour freuen.

TOUR, DIE DU SO NIE GEMACHT HÄTTEST

14 Kilometer
10 Höhenmeter
1:15 Stunden
Streckentour

Aufbruch in Zingst

Das ehemalige Seefahrerdorf Zingst ist das größte Ostseebad auf der Halbinsel Fischland-Darß-Zingst. Mit dem Niedergang der Segelschifffahrt Mitte des 19. Jahrhunderts mussten sich die Einwohner nach einer neuen Einnahmequelle umsehen. So erfand sich der Ort, idyllisch zwischen Meer und Bodden gelegen, als Seebad neu und hat auch im 21. Jahrhundert den Anschluss nicht verpasst. Es hat ein breites kulinarisches und kulturelles Angebot. Schon deshalb wird der 1 / Boddenhafen in Zingst, unser Startpunkt – auch Startpunkt von Tour 15 (s. S. 135) –, recht häufig von Ausflugsschiffen fre-

CHARAKTER
Sportlich ●●○○○
Abkühlung ●○○○○
Schlemmen ●●○○○
Panorama ●●●●○

◂ links / Auch ohne Spiegelung eindrucksvoll: die historische Meiningenbrücke

quentiert. So findet man sich selten allein auf dem Gelände wieder. Bevor du dich in die Spur begibst, kannst du dich am dauerhaft im Hafenbecken vertäuten Fischkutter noch mit einem leckeren und frisch zubereiteten Fischbrötchen stärken. Ein leerer Magen radelt schließlich nicht gern! Nun sattelst du auf und radelst auf dem Deichweg in Richtung Barth.

Die Vogelinsel Kirr

Bestimmt kommst du bereits nach wenigen Pedaltritten wieder zum Stehen: Links des Radweges öffnet sich der Blick über den Zingster Strom auf die Vogelschutzinsel Große Kirr. Sie ist größtenteils verlassen und steht unter striktem Naturschutz. Die Insel liegt nur wenige Meter über dem Meeresspiegel, weshalb Teile regelmäßig überflutet werden. Sie ist aufgrund ihres breiten Nahrungsangebots eines der wichtigsten Brutgebiete für Küstenvögel an der deutschen Ostseeküste. Nicht weniger als 68 Brutvogelarten sind bereits auf dem Eiland nachgewiesen worden. Auch ganz besonders seltene oder gar vom Aussterben bedrohte Vogelarten, wie der Alpenstrandläufer, der Kampfläufer, die Bekassine und der Große Brachvogel, brüten hier. Um die Brutwiesen zu erhalten und ein Ausbreiten des Schilfes zu verhindern, wird alljährlich im Sommerhalbjahr eine Rinderherde per Fähre übergesetzt. Diese übernimmt durch Beweidung die Funktion eines „Rasenmähers". Eine 2 / Aussichtsplattform etwas weiter am Wege vermittelt einen guten Überblick über die breiten Schilfgürtel beiderseits der schmalen Wasserstraße.

Über den Meiningenstrom

Wir schwenken nun bald vom Bodden weg, queren vorsichtig eine Verkehrsstraße und radeln durch lichten Wald. Der Sonneneinfall

SÄBELSCHNÄBLER
Der Name ist Programm: Der lange, nach oben gebogene Schnabel ist sein Markenzeichen. Der bis zu 45 cm große, schwarz-weiße Vogel brütet auf Kirr.

TOUR, DIE DU SO NIE GEMACHT HÄTTEST

▸ rechts groß / Zeesboot bei Zingst   ▸ rechts klein / Treuherzige Begleiter am Wege

KM 0

Auf Fotoausstellungen trifft man in 1 / Zingst an jeder Ecke. Die Begeisterung für die Fotografie geht zurück auf Max Hünten, der 1936 in Zingst starb. Der Maler und Fotograf brachte von einer Weltreise zwischen 1910 und 1914 über 500 Glasplattennegative mit nach Hause. Ihm ist heute das Hünten Haus in der Schulstraße gewidmet.

BRÜCKENBALLETT

Im Sommerhalbjahr wird die 3 / Meiningenbrücke viermal täglich geöffnet: 7:45, 9:45, 17:45 und 20:00 Uhr. Der Straßenverkehr ruht dann für etwa 30 Minuten. Die historische Brücke – eine Drehbrücke – gleich nebenan ist ständig geöffnet.

TOUR, DIE DU SO NIE GEMACHT HÄTTEST

sorgt hier für eine breite Palette verschiedenster Grüntöne. Danach begleiten Weiden und Wiesen die Route über eine weitere Straße hinweg hin zur Brücke über den Meiningenstrom, die nun am besten schiebend überquert wird. Die Klappbrücke, die das Festland mit der Halbinsel Fischland-Darß-Zingst verbindet, lässt von Frühjahr bis Herbst mehrmals täglich wartende Schiffe passieren. Die parallel verlaufende ehemalige Eisenbahnbrücke ist die 470 Meter lange historische 3 / Meiningenbrücke. Nicht nur Technikfans werden von diesem Ungetüm beeindruckt sein. Die Darßbahn auf der Strecke Barth–Zingst–Prerow und die dazugehörige Brücke wurden 1910 eingeweiht und sorgten in den Folgejahren für einen enormen Aufschwung des Badetourismus. Nach dem Zweiten Weltkrieg erfolgte jedoch ihre Stilllegung. Die Gleisanlagen wur-

den abgebaut und als Reparationsleistung in die Sowjetunion gebracht. Seit Längerem schon wird eine Wiederbelebung der Bahnstrecke diskutiert, aktuell geht man von einer Neueröffnung um das Jahr 2029 aus.

Eispause
Entlang der alten Bahnlinie setzen wir unseren Weg fort, wobei wir uns stets an Weisern Richtung Barth orientieren. Im kleinen Dorf 4 / Pruchten, am schmalen Barther Strom gelegen, queren wir schließlich die Zeltplatzstraße. Nur 150 m entfernt in der Dorfstraße 17 lockt ein Kiosk mit Eis aus eigener Produktion – lass dir die leckere Erfrischung nicht entgehen. Du hast sie dir verdient!

Auf in die Vinetastadt!
Bei Tannenheim erreichen wir schließlich die Landstraße zwischen Ribnitz-Damgarten und Barth. Fahrbahnbegleitend geht es an dieser entlang, wobei wir bald die Barthe bei einem aus-

HIMMELS-SPEKTAKEL

Im Herbst bietet sich morgens und abends am Himmel über 4 / Pruchten ein spektakuläres Naturschauspiel: Dann ziehen tausende Kraniche trompetend in langen Ketten über den Ort.

◀ **links / Blick über die Barther Kaianlagen** ▲ **oben / Naturhafen in Boddennähe**

OPEN AIR
Alljährlich zwischen Mitte Juli und Mitte August lädt die 5 / Barther Boddenbühne zum Open-Air-Theater ein. Auf jeden Fall eine Empfehlung!

VINETA-HYPE

In der Vinetastadt 5 / Barth hat seit 1997 auch ein Vineta-Museum seine Pforten geöffnet. In dem Kaufmannshaus aus dem 18. Jahrhundert werden Ausstellungen zur Geschichte von Barth und natürlich zum Mythos um die versunkene Stadt präsentiert (Lange Straße 16).

TOUR DIE DU SO NIE GEMACHT HÄTTEST

gesprochen pittoresken Naturhafen überbrücken. Der 35 km lange Fluss entspringt in der Nähe Stralsunds und ist bei Wasserwanderern sehr beliebt. Wenig später wechselt die Route auf die andere Straßenseite. Ein Weiser leitet uns nun bald zum 5 / Hafen von Barth. Die Kommune darf sich seit den 90er-Jahren offiziell Vinetastadt nennen. Damals wurde die legendäre und vom Meer verschlungene Mittelaltermetropole von einigen Wissenschaftlern hier am Barther Bodden verortet. Seitdem wirbt Barth fleißig mit dieser „Marke". Einige hundert Jahre später diente der Barther Bodden als Refugium einer weiteren Legende: Der Pirat Klaus Störtebeker hielt sich häufig – und zum Teil mit der Duldung der Barther Kaufmannschaft, die ihm seine Beute abkaufte – im Gewirr der Inseln und Buchten des Boddens versteckt. Mit Blick auf Hafen und Bodden kannst du nun die Tour im Café Jambolaya (tgl. 14–24 Uhr, Am Osthafen 3, 18356 Barth, www.jambolayya.de) ausklingen lassen. Auch die hauseigene Galerie mit Kunsthandwerk aus Westafrika freut sich über Interesse. Später solltest du noch einen kurzen Abstecher zum Markt im Schatten der mächtigen Marienkirche unternehmen. Deren wuchtiger Turm kann bestiegen werden. 180 Stufen führen zu einer Plattform in 55 m Höhe. Das Panorama verschafft dir einen wunderbaren Blick über das traditionsreiche Städtchen und reicht über den Bodden bis zur Halbinsel Fischland-Darß-Zingst.

Bootsausflug inklusive

Von Barth bietet es sich an, mit der Fähre durch den inselreichen Barther Bodden zurück nach Zingst zu fahren.

TOURENINFO / Die Tour verläuft auf gut ausgebauten Radwegen. Vorsicht ist beim Überqueren der Meiningenbrücke geboten, da der Weg dort recht schmal ist.

▸ **1 /** Zingster Hafen ▸ **2 /** Aussichtsplattform ▸ **3 /** Meiningenbrücke ▸ **4 /** Pruchten ▸ **5 /** Hafen von Barth

IN DEN SONNENUNTERGANG RADELN

An der Ostesseküste ist der HImmel über dem Meer besondes schön

MEHR ERFAHREN

SPANNENDE TAGESTOUREN, DIE JEDER SCHAFFT

10 / SEENTOUR / MuskulaTour
Durchs Hinterland der Kaiserbäder ➤ 3:15 Stunden // Seite 85

11 / MIT ALLEN WASSERN GEWASCHEN / NaTour
Zwischen Ostsee, Peenestrom und Krumminer Wiek ➤ 3:15 Stunden // Seite 95

12 / AM AMAZONAS DES NORDENS / NaTour
Rundtour durchs Peenetal zwischen Jarmen und Loitz ➤ 4:15 Stunden // Seite 105

13 / RÜGENER ZICKERTOUR / KulTour
Übers Mönchgut nach Klein Zicker und Groß Zicker ➤ 3:15 Stunden // Seite 115

14 / VON HANSE- BIS VINETASTADT / NaTour
Der Ostseeküstenradweg zwischen Stralsund und Barth ➤ 4 Stunden // Seite 125

15 / NACH OSTEN! / NaTour
Von Zingst durch die Sundischen Wiesen nach Pramort ➤ 3:15 Stunden // Seite 135

16 / HAFENIDYLLE & URWALDFEELING / NaTour
Von der lichten Boddenküste ins dichte Grün des Darßer Urwalds ➤ 3:15 Stunden // Seite 145

17 / BERNSTEINTOUR / KulTour
Durchs Große Moor zum Ostseestrand in Dierhagen ➤ 2:45 Stunden // Seite 155

TOUR, DIE DU SO NIE GEMACHT HÄTTEST
18 / RÜGENS NORDPOL / NaTour
Über die Halbinsel Wittow zum Kap Arkona ➤ 3:15 Stunden // Seite 165

KAHNPARTIE

Ich genieße es, auch einmal dem Trubel der Ostseebäder zu entkommen. Wunderbar entspannend gelingt dies bei einer Runde mit dem Ruderboot auf dem Wolgastsee.

➤ **1 /** Wo wir enden werden, geht's auch los: An der Bahnstation Schmollensee

➤ **2 /** Nach dem uralten Pommernwappen in Pudagla Ausschau halten

➤ **3 /** Beim Klausblick das Fernglas auspacken

➤ **4 /** Bockwindmühle Pudagla: Wie funktioniert ein Grützstampfer?

➤ **5 /** In der Benzer Kirche in den funkelnde Sternenhimmel schauen

➤ **6 /** Im Thurbruch Seeadler beobachten

➤ **7 /** Über den Wolgastsee in Korswandt rudern

➤ **8 /** Entspannen am Rastplatz bei Gothen

➤ **9 /** Abtauchen in die Ostseewellen bei der Heringsdorfer Seebrücke

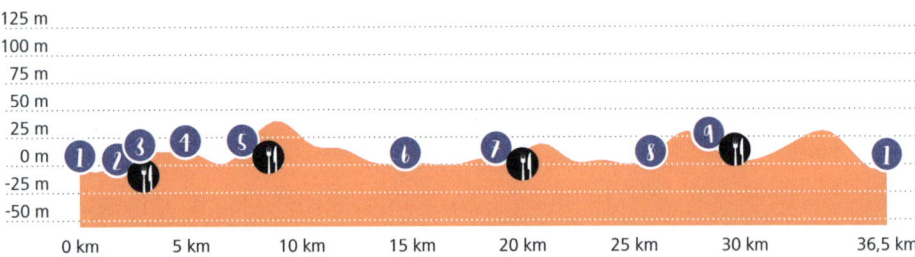

SEENTOUR

Durchs **Hinterland**
der **Kaiserbäder**

MuskulaTour 10

Schon gleich nach dem Tourenstart genießen wir die weiten Blicke über das Usedomer Achterwasser. Eine uralte Bockwindmühle gibt uns das Geleit auf unserem Weg zum Niedermoorgebiet des Thurbruchs. Die Beine können sich dann bei einer Kahnpartie auf dem Wolgastsee entspannen.

Ein Schloss wie ein Haus

An der kleinen 1 / Bahnstation Schmollensee machen wir uns auf den Weg und radeln zunächst auf dem Radweg neben der B 111 in den hübschen Ort 2 / Pudagla. Hier kommen wir ein klein wenig aus der Puste, sind doch bei der Auffahrt einige Höhenmeter zu absolvieren. Dabei führt die Route auch am unscheinbaren Schloss vorüber, das von einem Pommernherzog des 16. Jahrhunderts auf den Grundmauern eines noch älteren Klosters errichtet wurde. Glatt wären wir daran vorbeigefahren, denn der viereckige, schmucklosen Putzbau erweckt nicht den Eindruck eines Schlosses. Wirf aber einen Blick aufs Eingangsportal – dieses wird von einem der letzten original erhaltenen Pommernwappen verschönert. Heute findet sich in den Mauern ein Café.

37 Kilometer
97 Höhenmeter
3:15 Stunden
Rundtour

CHARAKTER
Sportlich ●●●○○
Abkühlung ●●●●●
Schlemmen ●●●○○
Panorama ●●●●○

◂ links / Wolgastsee: Wer könnte einer Ruderbootfahrt widerstehen?

Panoramen wie aus dem Bilderbuch

Wenige Pedaltritte weiter biegt die Route in das Sträßchen Am Sportplatz ein und verläuft dann wieder neben der B 111. Zuvor solltest du allerdings noch einen Abstecher zum 3 / Aussichtspunkt Klausblick unternehmen: Im Ort geradeaus und dann dem Sträßchen Zum Achterwasser aus der Siedlung folgen. Am nahen Panoramapunkt kann man es sich auf einer Sitzgruppe gemütlich machen und den Blick über die Seen im Umland sowie das Achterwasser schweifen lassen. Im Frühjahr blühen ringsum leuchtend gelb die Rapsfelder. Vom Blick in die Ferne möchte man sich gar nicht wieder lösen – das Panorama übers Achterwasser ist zu idyllisch. Die Beschreibung als „seeartige Erweiterung des in die Ostsee mündenden Peenestroms" kann den Reiz der 300 km² großen Wasserlandschaft auf jeden Fall nur unzureichend erfassen.

Grützstampfer und Sternenhimmel

Nur einen knappen Kilometer geht es nun an der Bundesstraße entlang, dann bietet sich dir schon wieder die Chance auf eine tolle Rundsicht. Diese lassen wir uns nicht nehmen, zumal oben auf dem Hügel auch die 4 / Pugdaler Bockwindmühle thront – ein toller Ort mit jeder Menge Wohlfühlpotenzial. Schon seit mindestens 1693 wird hier gemahlen. Später berichtet die Ortschronik von den technischen Neuerungen eines Roggenmahlgangs und eines Grützstampfers. Wir kehren dem Bau den Rücken und biegen wenige Pedaltritte weiter von der B 111 auf das schmale Sträßchen in Richtung Stoben ein. Unsere Route führt durch den winzigen Ort und erreicht bald die Ortsmitte von 5 / Benz bei der St.-Petri-Kirche. Blickfang im Inneren ist das hölzerne Tonnengewölbe aus dem 19. Jahrhundert – die Kasset-

GELB
Die auf einer Hügelkuppe inmitten leuchtend gelber Rapsfelder gelegene 4 / Bockwindmühle von Pudagla kann in der Saison auch besichtigt werden (Mo–Fr 10–16, Sa/So 13–16 Uhr).

▸ rechts groß / Die Windmühle in Pudagla ▸ rechts klein / Große Teile von Usedom sind geschützt: Rastplatz Klausblick

300

Vom Blick in die Ferne am 3 / Aussichtspunkt Klausblick möchte man sich gar nicht wieder lösen – das Panorama übers Achterwasser ist zu idyllisch. Die Beschreibung als „seeartige Erweiterung des in die Ostsee mündenden Peenestroms" kann den Reiz der 300 km² großen Wasserlandschaft auf jeden Fall nur unzureichend erfassen.

KulTour

BLAU

Malerisch im wahrsten Sinne des Wortes ist der Blick hinauf zum blauen Sternenhimmel im Tonnengewölbe der Petri-Kirche in **5 / Benz.** Der Bau hat aber auch schlechte Zeiten erlebt: Im Dreißigjährigen Krieg musste er als Pferdestall herhalten.

HIMMLISCHES & LEIBLICHES WOHL

tendecke wurde als blauer, funkelnder Sternenhimmel gestaltet. Ein verlockender Duft frisch gebackener Waffeln steigt uns gleich neben dem Gotteshaus in die Nase. Im Kaffeegarten Alte Feuerwehr stellt sich die Qual der Wahl: herzhaft oder süß? Lecker sind all die selbstgebackenen Köstlichkeiten in jedem Fall (Mo–Di 12–17.30, Do–So 12–20 Uhr, Kirchstraße 16, 17429 Benz, www.kaffeegarten-altefeuerwehr.de). Wir radeln nun bis zur nach dem Bildhauer Fritz Behn benannten Vorfahrtstraße und schwenken hier links.

Moor der Auerochsen

Aussichtsreich strampeln wir bergan und staunen über die Steigungen im unmittelbaren Küstenhinterland. 2,5 km nach dem Benzer Ortsausgangsschild orientiert sich die Tour rechts auf die schmale Straße in Richtung Reetzow. Wir fahren durch den ruhigen Ort und nutzen dann die Straßenabzweigung in Richtung Ulrichhorst. Die schöne Strecke leitet uns nun durch die Wiesen und Felder des 6 / Thurbruchs, mit 16 km² eines der größten Niedermoore im

nordöstlichen Deutschland. Der Name leitet sich von einer alten Bezeichnung für die einst hier verbreiteten Auerochsen ab. Auch wenn diese in dem Feuchtgebiet nicht mehr zu Hause sind – Ausschau zu halten lohnt sich. Mit Glück entdeckst du einen der seltenen Seeadler am Himmel über dem Bruch. Größer ist allerdings die Wahrscheinlichkeit, Graugänse zu sichten. Entwässert wird das Areal schon lange, die ersten Gräben wurden im 18. Jahrhundert auf Anregung König Friedrichs II. von Preußen angelegt. Dabei kamen sogar Windschöpfwerke zum Einsatz. Im langgestreckten Straßendorf Ulrichshorst mit vielen reetgedeckten Häusern biegen wir bei Haus Nr. 22 in die Gasse Am Kamp ein.

Rudertour gefällig?

Die Radwegbeschilderung leitet die Route im Anschluss nach 7 / Korswandt, wo uns die Durchgangsstraße zum Hotel Idyll am Wolgastsee bringt. Warum nicht am kleinen Strand des Sees ins kühle Nass eintauchen? Oder steht dir der Sinn mehr nach einer kleinen Rudertour? Der Bootsverleih (Di–So 10–18 Uhr) hat gleich

URIG

Der 6 / Thurbruch erhielt seinen Namen vom Ur. Der letzte dieser Auerochsen wurde allerdings schon 1360 durch Herzog Wartislaw V. von Pommern erlegt.

◀ links / Das leuchtende Gelb der Rapsfelder begleitet uns ▲ oben / Radweg im Buchenwald bei Korswandt

KulTour

nebenan geöffnet. Zwei Cafés (Hauptsaison Mi–So ab 12 Uhr, Hauptstraße 9, 17419 Korswandt, www.restaurant-am-wolgastsee.de) machen die Idylle hier perfekt – Entspannung pur! Auch Tour 21 ½ (s. S. 218) führt durch Korswandt, genauso wie durch Heringsdorf und Bansin, durch die wir gleich noch kommen werden. Gegen den Uhrzeigersinn geht es für uns nun um den See, wobei immer der ufernahe Weg gewählt wird. Auf unbefestigtem Grund radeln wir durch dichten, schattigen Wald, während die Wasserfläche im Sonnenlicht blitzt. Die Landstraße wird beim Weiser vorsichtig hin zum Gothenweg gequert. Auf diesem fahren wir an den letzten Häusern von Korswandt vorüber und verlassen den Ort. Die Tour verläuft erneut durchs urwüchsige Grün des Waldes und überquert mit dem Beek einen 1772 ausgebauten Entwässerungsgraben des Thurbruchs.

Die längste Seebrücke auf dem Kontinent

Die Schilder weisen uns in Richtung Gothen. Wir gelangen, zuletzt ein kurzes Stück auf unbefestigtem und etwas sandigem Wege, zu einem malerisch gelegenen 8 / Rastplatz am Sträßchen beim Ortseingang von Gothen. Auf der kleinen Straße radeln wir nach rechts weiter und tanken im dichten Buchenwald noch einmal

KM 19

Am Idyll des 7 / Wolgastsees können passionierte Angler (mit Angelschein und im Hotel zu erwerbender Tageskarte) auf Petris Heil hoffen. Die Hechte im See sind teils mehr als 1 m lang. Wer im Jahr den größten fängt, darf sich Hechtkönig nennen.

Ruhe vor dem Trubel in Heringsdorf. Über die viel befahrene Landstraße hinweg gelangt die Route in das Ostseebad, wo sie sich an der Seestraße links hält. Unser nächstes Ziel ist der nahe Strand an der 9 / Heringsdorfer Seebrücke. Deren Dimensionen müssen erst einmal bewundert werden: Mehr als einen halben Kilometer erstreckt sich das Bauwerk ins Meer. Damit ist sie die längste ihrer Art in Kontinentaleuropa. Genug gestaunt – denn blaues Meer und weißer Strand verlocken zum Baden. Auf dem Radweg entlang der Strandpromenade wird mit Bansin, wo auch Tour 2 (s. S. 17) startet, bald ein weiteres der Kaiserbäder erreicht. Hier lassen wir uns von der Beschilderung in Richtung Bahnhof leiten. An der Durchgangsstraße führt uns nun der fahrbahnbegleitende Radweg zurück zur 1 / Bahnstation Schmollensee.

LECKER

Bei den ersten Häusern von Bansin sollte bei der urigen Fischräucherei der Gebrüder Schwarz direkt am Radweg ein Stopp eingelegt werden – die Fischbrötchen gehören zu den besten der Insel.

TOURENINFO / Die Tour verläuft auf Radwegen und kleineren Straßen, kürzere Abschnitte auch auf unbefestigten Wegen. Dabei sind einige Anstiege und Abfahrten zu bewältigen. Badesachen einpacken!

◄ links / Blick auf den Wolgastsee ▲ oben / Die Heringsdorfer Seebrücke ins rechte Licht gerückt

KAFFEEPAUSE

Nie lasse ich mir die leckeren Kuchen im Krumminer Café Naschkatze entgehen. Danach genieße ich die traumhafte Landschaft im Bruch an der Krumminer Wiek.

> **1 /** An der Karlshäger Touristeninformation beginnt und endet die Tour

> **2 /** Manchmal schaukeln fast 100 Boote im Jachthafen von Karlshagen

> **3 /** Die Wolgaster Peenebrücke öffnet sich fünfmal am Tag – ein Spektakel nicht nur für Technikfans

> **4 /** Die Blütenpracht im Feng-Shui-Garten in Neeberg bewundern

> **5 /** Qual der Wahl in Krummin: Hafenterrasse oder Café Naschkatze?

> **6 /** Naturschauspiel vom Feinsten: das Bruch an der Krumminer Wiek

> **7 /** Sich mit Naturprodukten eindecken im Hofladen Villa Kunterbunt in Neuendorf

> **8 /** Abtauchen mit der Unterwasserkapsel an der Seebrücke Zinnowitz

> **9 /** Am Strand von Karlshagen noch einmal in die Wellen hüpfen

11 NATOUR

MIT ALLEN WASSERN GEWASCHEN
Zwischen Ostsee, Peenestrom *und* Krumminer Wiek

Zunächst begleitet der mächtige Peenestrom unsere Tour. Nach einer gemütlichen Einkehr in Krummin radeln wir durch die wildromantische Bruchlandschaft an der Krumminer Wiek – nur Frösche und Möwen sind hier zu hören. Zuletzt locken die Strände von Zinnowitz und Karlshagen.

36 Kilometer
26 Höhenmeter
3:15 Stunden
Rundtour

Am Peenestrom

Die 1 / Karlshäger Touristeninformation ist zugleich Start- und Endpunkt unserer Rundtour. Wir schwingen uns hier aufs Rad und folgen der Hauptstraße am Supermarkt vorbei zur kiefernumstandenen Kirche. Hier schwenkt die Route in die Hafenstraße ein. Auf dieser radelst du zum belebten 2 / Jachthafen am Peenestrom. Meist schaukeln hier Dutzende Boote auf den Wellen – ein pittoreskes Bild. Nach einem kurzen Stopp wenden wir uns zum Ortsausgangsschild am Ende der Hafenstraße hin und radeln auf dem schmalen Sträßchen weiter. Der Betonplattenweg führt uns nun durch eine urgewaltige Landschaft. Man muss erst einmal halten und schauen – so weit rückt der Horizont in die Ferne. Ganz in der Nähe wiederum bahnt sich der Peenestrom seinen

CHARAKTER
Sportlich ●●○○○
Abkühlung ●●●●●
Schlemmen ●●●●○
Panorama ●●●●○

◀ links / Zahlreiche Kanäle münden in den Peenestrom

Weg. Allerdings halten ihn Deichbauten noch vor unserem Blick verborgen. Der 20 km lange Meeresarm verbindet das Stettiner Haff mit der offenen Ostsee und trennt so die Insel Usedom vom Festland.

Die Wolgaster „Skyline" im Blick

Der Plattenweg führt uns nach Mölschow. Dort biegen wir rechts auf die Hauptstraße in Richtung Wolgast ein. 200 m weiter geht es halblinks auf den Zecheriner Weg. Endlich wird auch Zecherin erreicht. Hier folgt die Tour beim Ortseingangsschild dem Hauptstraßenverlauf nach links. Stets die „Skyline" von Wolgast vor Augen – die Peene-Werft und die mächtige St.-Petri-Kirche – radelst du nun durch ausgedehnte Felder. Im Mai gibt uns hier leuchtend gelber Raps ein farbenfrohes Geleit. Hin und wieder zeigt sich auch der gewaltige Peenestrom. Ein Panorama zum Innehalten – nur schade, dass hier ein Rastplatz fehlt. Durchs ländliche Idyll gelangen wir nach Mahlzow, das bereits Teil der Stadt Wolgast ist. Am Mahlzower Weg überqueren wir die Gleise und fahren neben der B 111 fahrbahnbegleitend nach rechts. Schon nach 300 m verlassen wir die Bundesstraße und radeln geradeaus auf der Straße der Freundschaft weiter. Kurz vor der 3 / Wolgaster Peenebrücke, einer kombinierten Straßen- und Eisenbahn-Klappbrücke, schwenkt die Route links auf die Sauziner Straße ein. Zuvor solltest du aber einen Blick auf das eindrucksvolle Brückenbauwerk werfen oder der imposanten Wolgaster Innenstadt jenseits des Peenestroms einen Besuch abstatten. Wandelt man durch die engen mittelalterlichen Gassen zwischen den spätbarocken Gebäuden, spürt man die reiche und wechselhafte Geschichte der Stadt, die Sitz der Herzöge zu Pommern-Wolgast war. Steine des im 30-jährigen Krieg zerstörten herzöglichen Schlosses

BLAU
Reisende, die über den Peenestrom nach Usedom unterwegs sind, erleben in Wolgast ihr blaues Wunder. So nämlich wird die blau gestrichene 3 / Klappbrücke genannt, die hinüber führt.

> rechts groß / Die Wolgaster Peenebrücke macht fünf Mal am Tag den Schiffen Platz > rechts klein / Weites Land beim Peenestrom

KM 2

Der 20 km lange Peenestrom trennt als Meeresarm der Ostsee die Insel Usedom vom Festland. Benannt wurde er nach der Peene, die gern auch als Amazonas des Nordens tituliert wird. Vom 2 / Hafen Karlshagen starten Ausflugsschiffe zu spannenden Touren auf dem Strom.

NATOUR

HOCH HINAUS
Das unübersehbare Wahrzeichen von **Wolgast** ist die Kirche St. Petri. Der Turm des Backsteingotikbaus kann auch bestiegen werden. Tolles Panorama garantiert!

wurden nach dem großen Stadtbrand 1713 für den Wiederaufbau als barocke Stadt auf dem ursprünglichen Grundriss aus dem Mittelalter verwendet.

(Garten-)Kunst

Geradewegs bringt uns dann die Sauziner Straße nach 4 / Neeberg, wo bereits nach wenigen Pedaltritten die Galerie im Hühnerstall den perfekten Rahmen für eine Rast bietet. Wirf einen Blick in die kleine Galerie und bestaune den blumenreichen und wunderbar verträumten Feng-Shui-Garten (meist 11–17 Uhr, Neeberger Straße 9, 17440 Neeberg, www.neeberg-galerie-fengshui.de). Auf der Neeberger Straße radeln wir aus der Siedlung heraus.

FENG-SHUI IM GARTEN

Qual der Wahl in Krummin

Im nahen 5 / Krummin empfängt uns ein etwas holpriges Pflaster. Wir orientieren uns an der Dorfstraße zu Kirche und Hafen hin. Hier gilt es sich zu entscheiden: Einerseits kannst du im liebevoll eingerichteten Gartencafé Naschkatze zwischen farbenfrohen

Blumenbeeten bei selbst gebackenen Kuchen genüsslich die Seele baumeln lassen (Di–So 11-18 Uhr, Dorfstraße 25, 17440 Krummin), andererseits verspricht das Restaurant Hafenterrasse (in der Saison tgl. ab 11 Uhr, Naturhafen, Dorfstr. 24, 17440 Krummin, www.naturhafen.de) einen wunderbaren Blick über die Krumminer Wiek und eine illustere Speisekarte. Wie deine Wahl auch ausfällt – beim Café Naschkatze beginnt unser weiterer Weg nach Neuendorf.

Naturidylle pur

Der Betonweg führt nun durch eine Landschaft, die uns den Atem verschlägt. Der späte Nachmittag ist die beste Zeit, um das Naturschauspiel von Farben und Wind, Vogelgezwitscher und Froschgequake im 6 / Bruch an der Krumminer Wiek zu erleben. Lege hier ruhig eine Pause ein, denn so urwüchsig und unverbaut ist Natur selten direkt am Radweg anzutreffen. Mit etwas Glück kreist sogar einer der seltenen Adler hoch über deinem Kopf. Später leitet uns der holprige Plattenweg geradeaus nach 7 / Neuendorf. Bei einem ersten, recht einsamen Gehöft biegen wir links auf einen Weg ein, der uns nach kurzer Zeit zur bestens asphaltierten Mühlenbergstraße bringt. An dieser hält sich die Tour links. Etwa 250 m

TAU

Ob am frühen Morgen, wenn der Tau fällt, oder zum Sonnenuntergang – eine Kanutour auf der 6 / Krumminer Wiek ist immer ein faszinierendes Erlebnis. Angeboten werden sie z. B. im Krumminer Hafen (www.naturhafen.de).

◂ links / Strand, Wald und Wiese: An der Ostseeküste fahren wir durch jede Lanschaft ▴ oben / Hafen Krummin

NaTour

weiter biegen wir beim Hofladen Villa Kunterbunt entsprechend der Beschilderung Zinnowitz links ein. Zuvor lohnt aber ein Besuch des urigen Hofladens: Leckeres, duftendes Holzofenbrot, selbstgemachte Marmelade, Wurst, Obst, Gemüse und Säfte – hier wird jeder fündig (Mo–Fr 10–17, Sa 10–12 Uhr, Zinnowitzer Str. 6, 17440 Neuendorf). Straßenbegleitend rollen wir nun bis nach Zinnowitz, überqueren dort die Ahlbecker Straße und folgen erst der Alten und dann der Neuen Strandstraße zur 8 / Seebrücke von Zinnowitz (dort endet auch Feierabend-Ride 2, s. S. 22).

1140 km
Der Ostseeküstenradweg zwischen Flensburg und Ahlbeck ist 1140 km lang – davon verlaufen knapp 700 km auf dem Gebiet Mecklenburg-Vorpommerns.

Abtauchen in Zinnowitz

Diese erstreckt sich immerhin mehr als 300 m ins Meer hinaus. Benannt wurde das 1993 errichtete Bauwerk nach der legendären Stadt Vineta, die hier einst wegen des Hochmuts ihrer Bewohner im Meer versunken sein soll. Allerdings reklamieren noch eine ganze Reihe weiterer deutscher und polnischer Küstenorte den Ort der Katastrophe vor ihren Toren für sich. Auch die Vinetastadt Barth (s. S. 78) und die Umgebung des Streckelsberg (s. S. 21) wollen Ort der mythischen Stadt sein. Vielleicht möchtest du erst einmal einen verdienten Badestopp einlegen oder mit der Tauchkapsel am Brücken-

KM 35

E-Biker und Unermüdliche können von 1 / Karlshagen aus weiter nach Peenemünde radeln, dessen Name wohl für immer mit den im 2. Weltkrieg eingesetzten Waffen V1 und V2 verbunden bleiben wird. Das Historisch-Technische Museum präsentiert dazu eine hervorragende Ausstellung.

kopf die Unterwasserwelt erkunden? Vineta ist in der unmittelbaren Umgebung der Kapsel allerdings nicht zu entdecken. Ins (Theater-)Rampenlicht rückt die versunkene und sagenumwobene Stadt aber alljährlich im Sommer bei den Vineta-Festspielen auf der Freilichtbühne des Ostseebades. An der Promenade folgen wir nun dem Ostseeküstenradweg in Richtung Trassenheide. Bei den ersten Häusern des Ortes leitet die Radwegbeschilderung nach links, um den Ort herum und bei einem Parkplatz wieder rechts in den Wald. Auf dem breiten Waldweg radeln wir nun bequem die letzten Kilometer nach Karlshagen, wo ebenfalls ein breiter 9 / Sandstrand zu einem Sprung in die Wellen verlockt. Auf der Strandstraße gelangen wir schließlich zurück ins Zentrum und zum Ausgangspunkt bei der 1 / Touristeninformation in Karlshagen.

TOURENINFO / Die Tour verläuft auf Radwegen und kleineren Straßen. Zwischen Krummin und Neuendorf muss ein recht holpriger Betonplattenweg bewältigt werden. Badesachen einpacken!

◀ links / Sowjetisches U-Boot in Peenemünde   ▲ oben / Seebrücke von Zinnowitz mit Tauchkapsel

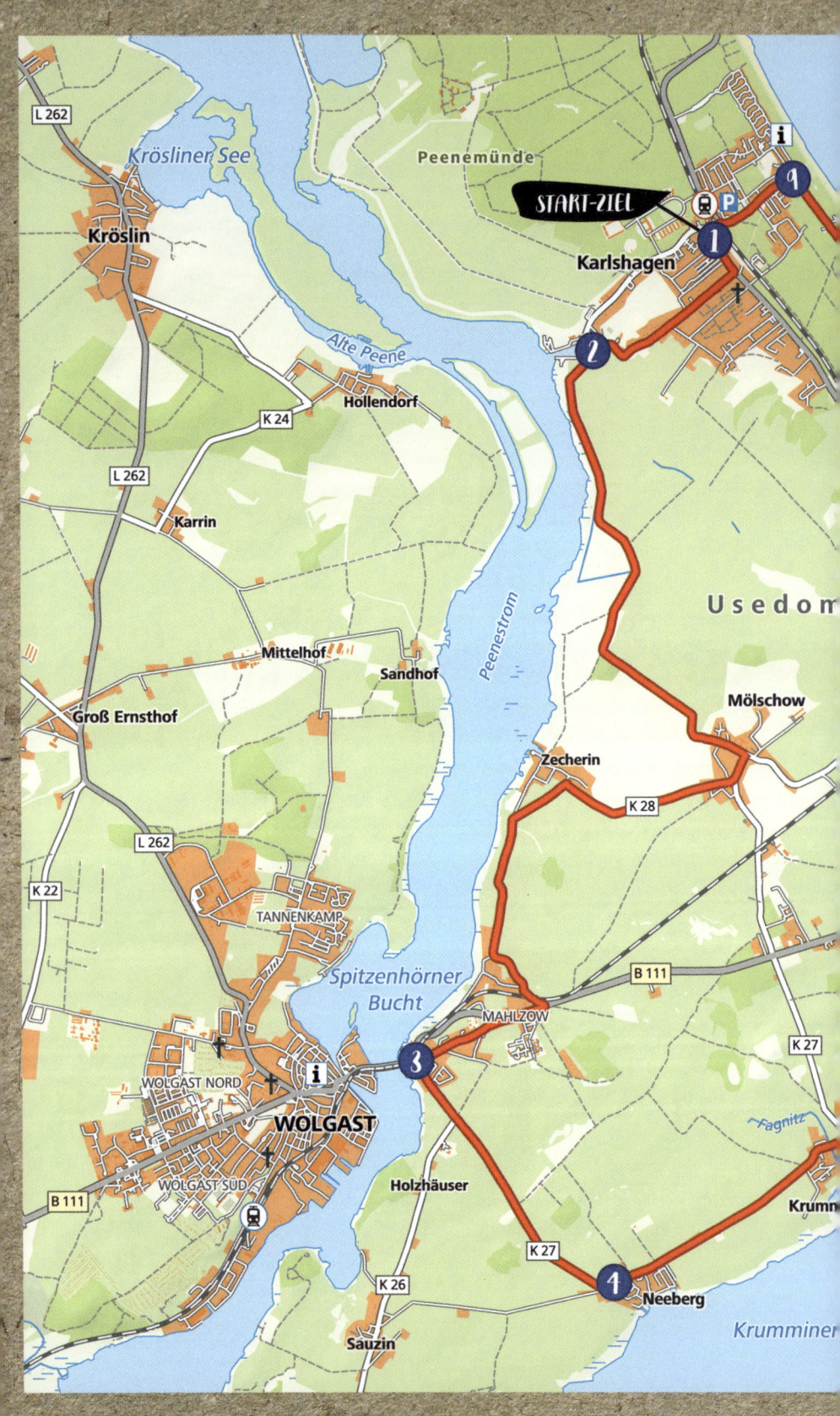

VOGELSCHAU

Meist habe ich im Naturschutzgebiet Peenewiesen ein Fernglas dabei – gibt es hier doch eine reiche Vogelwelt zu entdecken.

> **1 /** Am beschaulichen Alten Markt in Jarmen starten und beenden wir die Tour

> **2 /** Ruhe tanken beim Dorfteich vor der Kirche Bentzin

> **3 /** Nahe des Wasserwanderrastplatzes Alt Plestlin das Grab des Pferdes Hanko aufsuchen

> **4 /** Füße kühlen am Wasserwanderrastplatz Sophienhof

> **5 /** Einen Kaffee am Hafen von Loitz genießen

> **6 /** Schmetterlinge bewundern im Naturschutzgebiet Peenewiesen

> **7 /** Die Kapelle beim Rastplatz Kuntzow ansehen

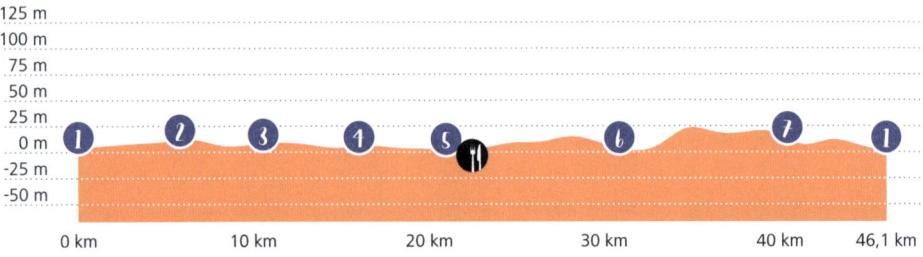

AM AMAZONAS DES NORDENS

NaTour 12

Rundtour durchs **Peenetal** zwischen **Jarmen** und **Loitz**

Vom Landstädtchen Jarmen radeln wir durch die idyllischen Dörfer des Peenetals. Die Füße kannst du dir dann an urigen Rastplätzen direkt am Ufer des Flusses kühlen. Mächtige Speicherbauten prägen das schmucke Loitz, bevor wir durch die urwüchsigen Peenewiesen zurückradeln.

46 Kilometer
32 Höhenmeter
4:15 Stunden
Rundtour

Ruhe tanken in Bentzin!

Der beschauliche 1 / Alte Markt zu Füßen der Jarmener Kirche ist der Start- und Endpunkt unserer Rundtour. Hier steigen wir aufs Rad, folgen der Speicherstraße und biegen bei der nächsten Gelegenheit rechts in die Fabrikstraße ein. Deren Hauptstraßenverlauf (!) leitet uns aus dem kleinen Landstädtchen heraus. Bald schon rollst du an einem größeren Solarpark vorüber. Danach begleiten uns nur noch die ausgedehnten Peenewiesen und Felder rechts und links des gut ausgebauten Radweges. Ein kleiner Spielplatz kündigt das winzige Leussin an. Hier wird die Kreuzung gerade überquert. Wir radeln an einem weiteren Solarpark vorbei und erreichen nach einer Linkskurve das Ortseingangsschild von 2 / Bentzin. Hier solltest du den Kurzabste-

CHARAKTER
Sportlich ●●●○○
Abkühlung ●●○○○
Schlemmen ●●●○○
Panorama ●●●●○

◀ links / Der Name der Peene kommt aus dem Slawischen und bedeutet der schaumige Fluss

cher zu Kirche und Dorfteich unternehmen – der kleine Park um das baumbestandene Ufer des Sees ist ein guter Ort, um abzuschalten und zur Ruhe zu kommen. Und Ruhe gibt es hier wahrlich genug, nur ein paar Enten drehen ihre Runden auf dem Wasser. Die urige Kirche gleich nebenan ist ein neugotischer Feldstein-Ziegelbau aus dem Jahre 1862.

Rasten an der Peene

Du trittst nun wieder in die Pedale und gelangst zur kleinen Landstraße. Hier schwenkt die Tour rechts in Richtung Alt Plestlin ein. Auch hier lohnt sich ein kurzer Ausflug von unserer Radroute: Knapp 100 m hinter dem Alt Plestliner Ortseingangsschild folgen wir der Beschilderung zum Wasserwanderrastplatz direkt am Peeneufer. Dabei hältst du dich bei der schönen, hinter einer Steinmauer fast versteckten Kirche aus dem 17. Jahrhundert rechts. Gleich wird auch das sehr viel jüngere ehemalige Herrenhaus der von Langen-Keffenbrinks passiert. Unweit des Baus erinnert eine recht besondere Grabstädte an den Pferdesportler und Olympiasieger Carl Freiherr von Langen-Keffenbrink: Sein Pferd Hanko wurde hier begraben. Wenige (holprige) Meter weiter erreichst du dann den 3 / Wasserwanderrastplatz Alt Plestlin. Idyllischer kann man angesichts der träge strömenden Peene nun wirklich nicht rasten! Kein Wunder, dass der Fluss auch als Amzonas des Nordens tituliert wird. Er ist einer der letzten unverbauten Flüsse Deutschlands. Zwischen 1720 und 1815 diente er hier übrigens als Grenze zwischen Preußen und Schwedisch-Pommern. Schließlich kehren wir zum Landsträßchen zurück – unser nächstes Ziel ist nun 4 / Sophienhof. Auch hier leiten Weiser zu einem nahen und wunderbaren Rastplatz am Fluss. Auf dem Wege dorthin hat ein improvisierter Dorfladen mit erstaunlich brei-

AMAZONAS DES NORDENS
Das träge strömende, braune Wasser hat der Peene den Beinamen „Amazonas des Nordens" eingebracht. Die Niederung ist eines der größten Niedermoorgebiete Mitteleuropas.

▶ rechts groß / Dorfteich in Bentzin   ▶ rechts klein / Kirche in Alt Plestlin

KM 11

Der Wallach Hanko kam durch die Wirren des 1. Weltkrieges nach Deutschland und in den Besitz von Carl Freiherr von Langen-Keffenbrink. Gemeinsam gewannen sie zahlreiche Preise im internationalen Pferdesport der 1920er Jahre. 1937 wurde das Pferd in 3 / Alt Plestlin bestattet.

NaTour

ELEKTRISIERT
5 / Loitz
Im Hafengelände von können E-Bikes für eine kürzere oder längere Spritztour ausgeliehen werden.

ter Angebotspalette (Anglerbedarf, Brötchen, Eis …) im Sommer seine Pforten geöffnet (Mai–Sept. tgl. 9–20 Uhr, Zur Peene 10, 17121 Sophienhof, www.dorfladen-sophienhof.de). Selbstbelegte Brötchen sind vorrätig. Einfach klingeln, du wirst es nicht bereuen!

Schlemmen im alten Bahnhof

Auf der Straße verlassen wir schließlich wieder den Ort. Die Räder surren nun bis 5 / Loitz, dessen wuchtiger Speicherturm schon weithin zu sehen ist. Gleich hinter der 2012 eingeweihten Peenebrücke biegt die Route rechts ab und folgt dem Straßenverlauf. Zuvor solltest du aber einen Blick auf den beeindruckenden Großen Speicher werfen, zumal dahinter ein kleiner Hafen und das schöne Restaurant Korl Loitz (Sommer Mo/Di 17–21, Mi–So 11–21 Uhr, Mühlentorvorstadt 10, 17121 Loitz, www.restaurant-loitz.de) im ehemaligen Bahnhof der Stadt zu finden sind. Wie

SPEICHERTURM & PEENEBRÜCKE

wäre es mit einem leckeren Stück Kuchen? Mit einem duftenden Kaffee in der Hand stellt sich sofort Urlaubsstimmung ein. Vom gemütlichen Biergarten aus sind Hafen und Peene zu überblicken – Entspannung pur! Auf der Vorfahrtstraße gelangen wir über die Schlossbergstraße zur Goethestraße, wo sich die Tour rechts hält. Auf dem fahrbahnbegleitenden Radweg verlassen wir die Stadt. 800 m nach dem Ortsausgangsschild schwenkt die Route rechts auf das Landsträßchen in Richtung Görmin. Auf dem kurzen Stück bis Vierow solltest du aufmerksam fahren, denn hier herrscht nun ein etwas regerer Verkehr. Wir radeln durch Trantow und Vierow.

Natur, wohin das Auge blickt
Am Ortsausgangsschild von Vierow biegt die Tour schließlich rechts auf den Vierower Damm ein. An der Verzweigung circa 1,5 km weiter radeln wir geradeaus, nicht rechts. Unser Weg geht in einen etwas holprigen Betonplattenweg über, der nun durch das wunderbar urwüchsige 6 / Naturschutzgebiet in den Peenewiesen führt. Nur das Rascheln des Schilfes und das Quaken der Frösche

BLAU

Auf dem Zeltplatz Amazonascamp beim 5 / Loitzer Hafen kann man Kanus leihen. Auf Nachfrage werden auch Peene-Safaris angeboten, bei denen mit Glück sogar die Sichtung von lichtblauen Eisvögeln möglich ist (www.urlaub-peenetal.de).

◂ links / Radeln durch die Peenewiesen ▴ oben / Der alte Speicher in Loitz

NATOUR

begleitet uns. Libellen schwirren durch die Luft und Schmetterlinge gaukeln vor unserer Nase. Die unberührte Natur entschädigt uns für den recht ruppigen Untergrund. Einen ersten nach links abgehenden Weg bei einem Weiser ignorieren wir. Erst nach einem weiteren Kilometer schwenken wir bei einer Kreuzung mit Bank und Holzskulptur auf den befestigten Weg nach links ein. Zuvor solltest du aber noch einmal den Blick über die Wiesen im Peenetal schweifen lassen. Vielleicht lässt sich ja noch der eine oder andere Reiher oder gar die seltene Bekassine sehen.

Letzte Rast und Ruhestätte

URIG
Die kleine Fachwerkkapelle auf dem Friedhof beim 7 / Rastplatz Kuntzow ist auf jeden Fall einen Kurzbesuch wert. Der kleine Anbau dient als Gruft der Familie von Corswandt.

Im nahen Görmin biegen wir sofort in das Sträßchen in Richtung Trissow ein. Auf bestem Asphalt rollem wir durch das kleine Dorf. Anschließend passieren wir inmitten ausgedehnter Getreidefelder Neu Jargenow und erreichen Kuntzow. Hier erwartet uns bei der Bushaltestelle noch einmal ein schöner 7 / Rastplatz mit einer Schutzhütte, wo wir rechts in die Nebenstraße (Peenestraße 6–24) einbiegen. Zuvor lohnt sich noch ein kurzer Blick auf die ungewöhnliche Fachwerkkapelle auf dem Friedhof gegenüber. Sie wurde 1840 geweiht.

KM 31

Augen auf: Das Peenetal ist bekannt für seine flächendeckenden Fischotter- und Bibervorkommen. Außerdem genießt es den Schutz eines Europäischen Vogelschutzgebietes. Allein drei Adler- und drei Seeschwalbenarten sind hier zu Hause.

Zurück nach Jarmen

Noch einmal geht es auf Kopfsteinpflaster aus dem Ort. 800 m nach dem Ortsausgangsschild folgt die Route der Linkskurve unseres Plattenweges. Am Ortseingang von Neuendorf wählst du dann die rechte Wegvariante und schwenkst vor der Bushaltestelle in der Ortsmitte rechts auf den Asphaltweg in Richtung Jarmen ein. Gleich nach Breechen unterqueren wir die A 20 und folgen dem straßenbegleitenden Radweg über die Peenebrücke zurück nach Jarmen. Wirf hier ruhig auch einen Blick in den Hafen – die riesigen Speicher und Mühlenbetriebe erzählen von der einstigen Bedeutung der Flussschifffahrt. Heute liegen sie meist verlassen da. Nur die Angler sitzen wie eh und je an den Kaianlagen und hoffen auf den einen oder anderen Fang. Wir wünschen ihnen Petri Heil und kehren zum 1 / Alten Markt zurück.

TOURENINFO / Der größte Teil der Tour verläuft auf Radwegen und kleineren Straßen. Im NSG Peenewiesen sind wir auf einem sehr holprigen Plattenweg unterwegs. Die 5 km vor Vierow sind etwas stärker befahren.

◀ **links / Friedhofskapelle Kuntzow** ▲ **oben / Ländliche Idylle begleitet die Tour**

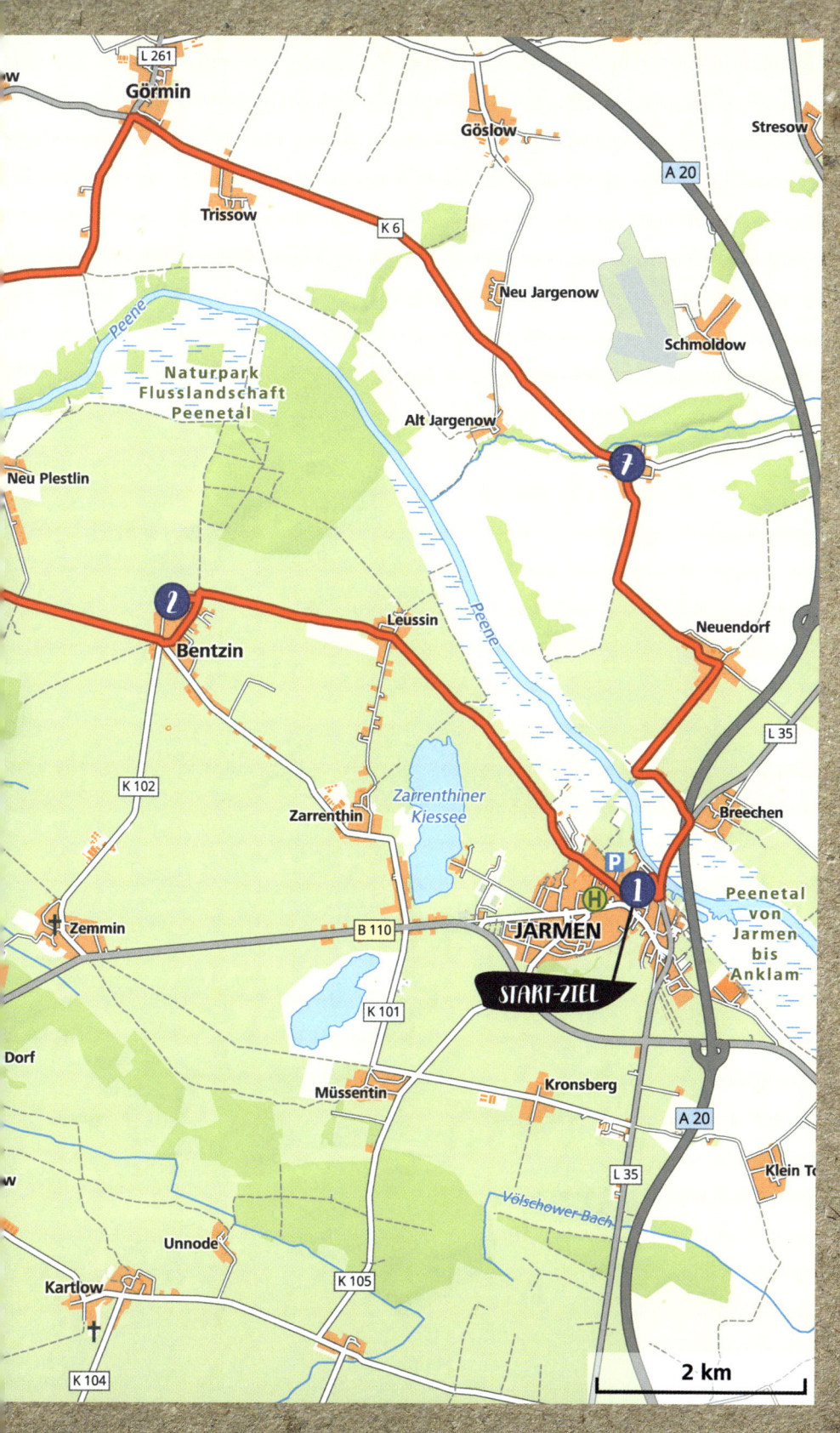

ÜBERBLICK

In Klein Zicker lasse ich nie den Aussichtsberg am Dorfrand aus. Der kurze Aufstieg wird mit einem grandiosen Panorama belohnt.

> **1 /** Am Bahnhof Baabe den Rasenden Roland erwarten

> **2 /** Wie viele Fahrräder passen in die Ruderbootfähre im Hafen Baabe?

> **3 /** Am Rastplatz vor dem Mönchgut sitzen, schauen und wohlfühlen

> **4 /** Sich in die winzige alte Schule von Middelhagen quetschen

> **5 /** Den Meerblick von der Restaurantterrasse in Lobbe genießen

> **6 /** Wellenbaden am Strand des Mönchgut

> **7 /** Welch ein Blick von den Bänken am Thiessower Haken!

> **8 /** Hinauf auf den Panoramaberg in Klein Zicker

> **9 /** Sich an der Decke im Pfarrwitwenhaus den Kopf stoßen

RÜGENER ZICKERTOUR

KulTour **13**

Übers **Mönchgut** *nach* **Klein Zicker** *und* **Groß Zicker**

Die Halbinsel Mönchgut ragt als südöstlicher Zipfel Rügens weit ins Meer hinein. Ihre wilde Schönheit begleitet uns während der Tour, die uns bis zum wunderbar entlegenen und hügeligen Klein Zicker führt. Wo ein Klein Zicker ist, muss es auch ein Groß Zicker geben! Hier stoßen wir uns die Köpfe im niedrigen Pfarrwitwenhaus.

36 Kilometer
31 Höhenmeter
3:15 Stunden
Rundtour

Wir radeln, andere rasen

Der 1 / Bahnhof von Baabe ist Start- und Zielpunkt unserer Tour. Auch mit Tour 3 kommen wir hier vorbei, die bis zu unserem nächsten Halt im Hafen von Baabe parallel verläuft (s. S. 25). Mit pünktlicher Regelmäßigkeit halten am Bahnhof schnaufend und zischend die berühmten Lokomotiven des Rasenden Rolands. Rügens historische Schmalspurbahn dampft zwar

CHARAKTER
Sportlich ●●●○○
Abkühlung ●●●●●
Schlemmen ●●●○○
Panorama ●●●●●

lediglich mit 30 km/h durch den schönen Inselsüden – dies allerdings schon seit 1895. Mit etwas Glück rollt eines der Dampfungetüme gerade in den Bahnhof ein, wenn du dich auf den Weg machst. Die Tour überquert die Gleise Richtung Lobbe und verläuft auf einem Deichweg vorbei am knapp 2 km langen Selliner See. Dabei be-

◂ links / Panoramablick Mönchgut: Klein Zicker

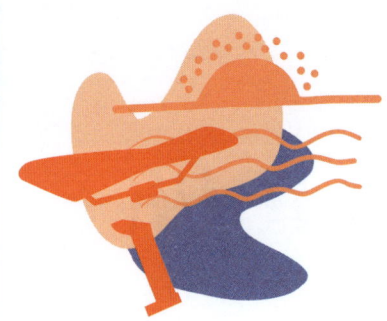

gleitet dich beiderseits des Weges ein einzigartiges Naturidyll mit wunderbaren Blicken über Wiesen, Weiden und die Wasserfläche. Wenig später gelangen wir zum pittoresken 2 / Hafen von Baabe. Einige Boote schaukeln träge im Wasser, während wenige Meter von unserer Route entfernt Deutschlands wohl kürzeste Fährverbindung ihren Dienst tut: Ein Fährmann rudert Personen (und Fahrräder) ans knapp 50 m entfernte jenseitige Ufer. Wir benötigen seine Dienste allerdings nicht, sondern schwenken hier an der Kaimauer links und biegen gleich hinter dem kleinen Hafenmeisterhäuschen erneut links auf den Radweg ein. Die Landschaft bleibt von atemberaubender Schönheit. Zum Glück laden dich Bänke zum Innehalten und Genießen des Panoramas ein. In das Vogelgezwitscher mischt sich die weithin vernehmliche Dampfpfeife des Rasenden Rolands.

Aufs Mönchgut!

Bei einem tollen 3 / Rastplatz beginnt der Anstieg auf die hügelige Halbinsel Mönchgut mit immerhin 13 % Steigung. Gleich rollen wir an der Dorfstraße links (!) in Richtung Middelhagen durch das winzige Alt Reddevitz. Im nahen Mariendorf orientieren wir uns auf den fahrbahnbegleitenden Radweg links, während wir am Ortsausgangsschild rechts schwenken. Der Straßenverlauf führt dich nach 4 / Middelhagen, wo sich die Route noch vor der Durchgangsstraße auf den Deichweg rechts in Richtung Lobbe/Thiessow hält. Zuvor solltest du aber auf keinen Fall den Abstecher zur nahen St.-Katharinen-Kirche versäumen. Im Innern birgt sie einen wertvollen Altar, dessen filigrane Schnitzkunst nur staunend bewundert werden kann. Er stammt aus der Zeit um 1480, kam vermutlich aber erst nach dem Dreißigjährigen Krieg aus Stralsund hierher. Auch das histo-

MÖNCHGUT
29,44 km² groß ist die Halbinsel Mönchgut im Südosten von Rügen. Ihren Namen verdankt sie ehemaligen Besitzern, den Zisterziensermönchen des Klosters Eldena.

> rechts groß / Hafen Baabe   > rechts klein / Alte Schule Middelhagen

KM 2

Die mit 49 m wohl kürzeste Fährverbindung Deutschlands wird nur mit Muskelkraft betrieben. 15 Personen können mit dem Ruderboot von Moritzdorf ins Ostseebad Baabe übergesetzt werden. Und dies bis zu hundertmal pro Tag – seit 1891! Ist die Fähre einmal nicht in Betrieb, droht ein Umweg von mindestens 8 km.

KulTour

KM 6
Die Archimedische Schraube besteht aus einer drehbaren Wendel in einem schräg ansteigenden Rohr und wird auch recht treffend als Schneckenpumpe bezeichnet. Erfunden hat sie der Mathematiker Archimedes im 3. Jh. v. Chr.

rische Schulmuseum gleich nebenan ist einen Besuch wert. Der Deichweg führt uns nun am Großen Lobber See und an einem Windschöpfrad zur Entwässerung der Felder von 1920 vorüber. Erst das Abpumpen des Grundwassers mit Hilfe einer Archimedischen Schnecke ermöglicht hier die Nutzung der Äcker. Wir versuchen uns gedanklich das Bild einer Archimedischen Schnecke vor Augen zu führen und radeln dann weiter nach 5 / Lobbe. Dieses erreichen wir erst am Ortsausgang beim Restaurant Strandhus (Mo–So 11:30–21 Uhr, Lobbe 32b, 18586 Mönchgut, www.strandhus.business.site) mit großer Terrasse und schönem Blick aufs Meer – vielleicht eine kurze Rast gewünscht? Auch auf dem Rückweg wirst du das Lokal wieder passieren.

TERRASSE MIT MEERBLICK

Die Küste entlang

Straßenbegleitend radelst du nun in Richtung Thiessow weiter. Zahlreiche 6 / Strandaufgänge bieten sich für eine Abkühlung an. Warum also nicht einen kurzen Stopp einlegen? Wir radeln durch einen Küstenwald aus knorrigen Kiefern und ignorieren alle Ab-

zweige. Schließlich mündet der Radweg auf eine Ortsstraße von Thiessow. Die Beschilderung leitet uns zur Durchgangsstraße bei der Bushaltestelle Thiessow Ort. Hier führt die Route links in Richtung Klein Zicker weiter. Nur wenige Pedaltritte nach dem Haus des Gastes nutzen wir in einer Rechtskurve den geradeaus führenden befestigten Weg, der parallel zur Küste weiterführt. Für circa 100 m verläuft dieser auf sehr sandigem Untergrund. Dann rollst du auf bestem Asphalt am Meeresufer entlang.

Auf Schusters Rappen über Klein Zicker

Der Blick auf Klein Zicker, den entlegensten Zipfel der Halbinsel, ist atemberaubend schön. 7 / Bänke am Wege kommen uns gerade recht, um das Panorama genießen zu können. Schließlich gelangst du ins Örtchen 8 / Klein Zicker, das nur durch eine „Wespentaille" mit der Halbinsel Mönchgut verbunden ist. Die Dorfstraße endet bald bei einer Treppe, die zum Strand hinabführt. Gegenüber schiebt sich die Landzunge von Groß Zicker ins Blickfeld. Einen Überblick solltest du dir vom nur 300 m entfernten Aussichtspunkt verschaffen, der nur zu Fuß zu erreichen ist – ein Muss! Aber vielleicht macht der Abstecher ja auch Lust auf mehr: Die Minihalbinsel

100

Das Dörfchen 8 / Klein Zicker mit seinen knapp 100 Einwohnern nimmt einen größeren Teil der gleichnamigen Halbinsel ein. „Überragt" wird es vom 38 m hohen Zicker Berg.

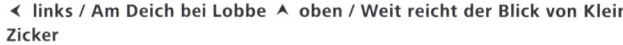
links / Am Deich bei Lobbe   oben / Weit reicht der Blick von Klein Zicker

KulTour

WIE ANNO DAZUMAL

lässt sich nämlich auch gut auf einer Rundwanderung erkunden. Diese ist nur 1,8 km lang und hervorragend ausgeschildert. Also dann: Aufgesattelt auf Schusters Rappen! Stärken kann man sich (traumhaft aussichtsreich) am Kiosk Letzte Tankstelle (März–Okt. ab 10.30 Uhr, Dörpstrat 19, 18586 Thiessow).

Wo Groß Zickers Pfarrwitwen lebten

Nach einer Rast radelst du zunächst auf dem gleichen Weg 6,5 km zurück bis zum abgehenden Radweg nach Groß Zicker/Gager. Die Route biegt hier links ab, überquert die Landstraße und folgt dem Radweg neben der Straße. An der Gabelung wählen wir die rechte Variante nach Groß Zicker. Du radelst nun bis zum pittoresken 9 / Pfarrwitwenhaus in der Dorfmitte, das als Museum zum Besuch einlädt. Es wurde 1720 erbaut und zählt zu den ältesten erhaltenen Häusern auf Rügen. Schlendere unbedingt auch durch den prachtvollen Garten des kleinen Museums! Ganz in der Nähe steigt uns der Duft von frischem Räucherfisch in die Nase und zieht uns magisch zur wenige Meter entfernten Hoffischräucherei (Do–Di 11–17 Uhr, Boddenstraße 25, 18586 Gager). Hier kannst du dich mit leckeren Fischbrötchen aus eigenem Fang versorgen. Danach statten wir noch der kleinen, urigen Kirche

KM 25

Das leuchtend weiße 9 / Pfarrwitwenhaus wurde 1780 als niederdeutsches Hallenhaus für die von Obdachlosigkeit bedrohte Witwe des Pfarrers von Groß Zicker errichtet. Es gehört zu den ältesten erhaltenen Wohngebäuden auf Rügen und ist von einem traumhaft schönen Garten umgeben.

von Groß Zicker einen Besuch ab, bevor wir wieder zum Küstenradweg zurückkehren. Nun radeln wir nach 5 / Lobbe, passieren das Restaurant Strandhus aufs Neue und schwenken etwa 150 m weiter rechts auf ein Nebensträßchen ein. Dieses leitet die Tour aus Lobbe heraus und führt nach einiger Zeit am Sportplatz am Rand von Göhren vorüber. Am Weiser wenig später folgst du der Destination Baabe geradeaus. Wir achten weiterhin auf diese Beschilderung und nutzen in der Folge nicht den wenig attraktiven Radweg an der B 196. Stattdessen radelst du auf der gut ausgewiesenen Variante des Ostseeküstenradweges in Richtung Baabe auf einem befestigten Waldweg. Bei Straßenquerungen ist auf den teils starken Verkehr zu achten. Wir gelangen in den Ort und folgen dem Göhrener Weg zurück zu unserem Startpunkt, dem 1 / Bahnhof Baabe.

TOURENINFO / Die Tour verläuft auf Radwegen und kleineren Straßen und ist gerade für Kinder gut geeignet. Badesachen einpacken.

◀ links / Das Pfarrwitwenhaus in Groß Zicker ▲ oben / Am Küstenradweg Richtung Göhren

START / ZIEL
Bahnhof Baabe

HINKOMMEN
Auto / Parkplatz am Ortseingang
ÖPNV / Der Bahnhof Baabe wird von Bergen mit dem Rasenden Roland erreicht

> **1 /** Bahnhof Baabe
> **2 /** Hafen Baabe > **3 /** Rastplatz
> **4 /** Kirche Middelhagen
> **5 /** Lobbe > **6 /** Strand
> **7 /** Bänke > **8 /** Klein Zicker
> **9 /** Pfarrwitwenhaus

LIVE!

In Barth freue ich mich auf abendliche Livemusik im Café Jambolaya im Hafen – gute Stimmung garantiert.

> **1 /** Keinesfalls einen Besuch im Ozeaneum in Stralsund auslassen

> **2 /** Abkühlung suchen im Strandbad Stralsund

> **3 /** Wie wär's mit einem Volleyballmatch am Strand von Klein Damitz?

> **4 /** Alles über Kraniche erfahren im Kranichzentrum Groß Mohrdorf

> **5 /** Am Rast- und Badeplatz Nisdorf den Boddenblick genießen

> **6 /** Pausieren am winzigen Hafen von Zühlendorf

> **7 /** Sich vom Kaffeeduft beim Hafenbistro Dabitz verführen lassen

> **8 /** Die Vinetastadt Barth erkunden

VON HANSE- BIS VINETA-STADT

Der Ostseeküstenradweg *zwischen* Stralsund *und* Barth

14 NATOUR

Die prachtvolle Skyline der alten Hansestadt Stralsund begleitet dich beim Tourenstart. Zuvor solltest du einen Besuch des spektakulären Ozeaneums nicht versäumen. Dann radelst du immer dicht an der Boddenküste und vorbei an idyllisch gelegenen Badestellen sowie kleinen Häfen bis nach Barth.

46 Kilometer
22 Höhenmeter
4 Stunden
Streckentour

Start in geschichtsträchtiger Hansestadt

Auf der Stralsunder Hafeninsel und direkt am Strelasund gelegen, wurde 2008 ein ganz besonderes Highlight eröffnet. Das 1 / Ozeaneum beeindruckt mit seiner modernen Architektur und ermöglicht dir eine Entdeckungsreise durch die Welt der nördlichen Meere, ohne nasse Füße zu bekommen. Ein Besuch ist eine unbedingte Empfehlung! Unsere Radtour starten wir am Eingang des Museums. Du radelst gleich um die Ecke in die Neue Semlowerstraße, überquerst die Brücke und biegst rechts in die Straße Am Fischmarkt ein. Dieser sowie bald der Seestraße folgen wir vorbei am bunten und gut besuchten Hafen. Hunderte Jachten aus aller Herren Länder schaukeln hier sacht am Kai. Stralsunds hanseatische Wurzeln sind auf Schritt und Tritt

CHARAKTER
Sportlich ●●●○○
Abkühlung ●●●●○
Schlemmen ●●●○○
Panorama ●●●●○

◂ links / Der Blick auf Stralsund ist aus jeder Richtung schön

zu spüren, gehörte die Stadt im Mittelalter doch zu den bedeutendsten Fernhandels- und Umschlagplätzen in Nordeuropa. Du bleibst direkt am Ufer und fährst entlang der sehr gut ausgebauten Strandpromenade. Wir passieren dabei das Ernst-Thälmann-Denkmal. Der nicht unumstrittene deutsche Kommunistenführer wurde 1944 im KZ Buchenwald ermordet und ist in der heutigen Denkmalkultur nur noch selten präsent. Wenig später erreicht die Route das 2 / Strandbad von Stralsund – eine gute Gelegenheit, Abkühlung in den Wellen zu suchen.

HANSE CONTRA KÖNIGSHAUS
1259 war es soweit: Lübeck, Wismar und Rostock schlossen sich zur Hanse zusammen. Auf dem Höhepunkt ihrer Macht schlugen sie später gar den dänischen König.

Himmel, Meer und weite Landschaft

Die Kennzeichnung des Ostseeküstenradweges leitet uns nun bis zu unserem Ziel in Barth. Entsprechend geht es geradewegs auf dem breiten Asphaltband weiter. Parkanlagen begleiten dich aus der Stadt heraus. Bald gelangst du zum kleinen Jachthafen von Parow, wo du dem Radweg landeinwärts bis zum Kreisverkehr folgst. Hier hältst du dich rechts und biegst beim Haus Nr. 3F beschildert in den Gartenweg. Gleich darauf wird die Route auf den Wiesenweg geleitet. An der nahen Vorfahrtstraße radeln wir fahrbahnbegleitend nach links in Richtung Damitz. Bereits nach 500 m verlassen wir den Radweg wieder und folgen nun dem schmalen Sträßchen nach Groß Damitz in Richtung Barth. Endlose Felder ermöglichen dir einen unverstellten Blick über das weite Küstenhinterland, ganz von selbst stellt sich ein Gefühl von Freiheit ein. Die Pneu surren über den Asphalt und bringen dich durch Groß und Klein Damitz. In Letzterem gelangen wir erneut zur Küste und rollen bald an einem kleinen 3 / Strand mit Volleyballfeld vorüber. Diese Gelegenheit, vom Rad zu steigen und eine Pause einzulegen, solltest du nicht ungenutzt verstreichen lassen. Wie wär's mit einem Volleyballmatch mit der Klein Damitzer Jugend?

▶ rechts groß / Keinen Strand auslassen auf unserer Tour ▶ rechts klein / Hunderte Boote schaukeln im Hafen von Stralsund auf den Wellen

KM 0

Schon die Architektur des 1 / Ozeaneums begeistert! Drinnen sind die Lebensräume von Nord- und Ostsee sowie des Polarmeeres Thema einer spannenden Ausstellung. 45 Aquarien fassen insgesamt mehr als 6 Mio. Liter Wasser – allein das gigantische Schwarmfischbecken kommt auf gigantische 2,6 Mio. Liter! Keinesfalls verpassen!

NATOUR

60.000
So viele Kraniche sammeln sich im Spätsommer in den Boddengewässern zwischen Zingst und Rügen, bevor sie in ihre Winterquartiere in Südspanien und Nordafrika aufbrechen. Die Großvögel bringen es auf eine Spannweite von 2,20 m und eine Standhöhe von 1,30 m

Die unter Naturschutz stehende Uferzone begleitet uns nun bis ins nahe Klausdorf. Hier orientieren wir uns an der Durchgangsstraße links, biegen aber schon 150 m weiter recht undeutlich markiert rechts auf das Sträßchen nach Hohendorf ein. Du radelst durch das Straßendorf, biegst bei Haus Nr. 4 links auf den Radweg ein und folgst dann an der Bushaltestelle dem Bisdorfer Weg. Meist wirst du am Ortsausgang von recht zutraulichen Ponys auf der Koppel verabschiedet.

PONYS & KRANICHE

Kranich-Stopp

Bis zum Horizont dehnen sich die Getreidefelder. Im Sommer tauchen sie die Landschaft in ein wogendes Goldgelb. Am Ortseingang von Bisdorf solltest du dich unbedingt für den lohnenden Abstecher zum 4 / NABU-Kranichzentrum in Groß Mohrdorf entscheiden. Zu diesem Zweck hältst du dich hier links. In Groß Mohrdorf stoßen wir bereits nach wenigen Metern auf die informative

Ausstellung. Engagierte Mitarbeiter, Schautafeln und eindrucksvolle Präparate bringen uns Wissenswertes über den Graukranich näher, der Jahr für Jahr im Oktober in den Flachwassergebieten zwischen Rügen und Darß einen Zwischenstopp einlegt. Zu Zehntausenden rasten dann die eleganten Großvögel hier, bevor sie ihre Weiterreise in die Überwinterungsgebiete Südspaniens und Nordafrikas antreten (März–April tgl. 10–16, Mai–Juli Mo–Fr 10–16, Aug. tgl. 10–16:30, Sept.–Okt. tgl. 9:30–17:30, Nov. Mo–Fr 10–16 Uhr, Lindenstraße 27, 18445 Groß Mohrdorf, www.kraniche.de). Schließlich radeln wir zurück nach Bisdorf und durch den Ort.

Küstenblicke & Badestelle
Unser nächstes Ziel trägt den schönen Namen Kinnbackenhagen – ein Dorf, das mit seiner reizvollen Lage am Bodden punkten kann. Wir bleiben auf der Strandstraße und rollen auf bestem Untergrund und spektakulär aussichtsreich an der Küste entlang. Nur hin und wieder passieren wir kleine Wäldchen aus knorrigen Eichen. Zur Idylle passt auch gut der wunderbare 5 / Rastplatz mit angeschlossener Badestelle kurz vor Nisdorf. Hier bietet sich eine entspannte

PIRAT

Stürz den Becher! Der legendenumwobene Pirat Klaus Störtebeker soll seinen Namen seiner Trinkfestigkeit verdankt haben. Er verbarg sich häufig im insel- und buchtenreichen Barther Bodden.

◀ links / Nach einem Schauer leuchtet der Raps um so kräftiger ▲ oben / Immer neugierig – Ponys in Klausdorf

NaTour

Pause an. Über deine ausgestreckten Beine hinweg kannst du den weiten Blick über den Bodden genießen.

Am Grabower Bodden entlang

Durch Nisdorf leitet uns dann zuverlässig die Beschilderung, wobei sich die Route noch im Ort rechts auf einen Radweg hält, der erneut zum Grabower Bodden führt. Durch ausgedehnte Wiesen radelst du weiter und kommst an einer weiteren schön gelegenen Schutzhütte vorbei. Wenig später erreicht die Tour den einsam und malerisch gelegenen 6 / Hafen Zühlendorf. Nur das Plätschern der Wellen und das Rauschen des Windes im Schilf und in den kugeligen Weiden sind hier zu hören. Eine kleine Abkühlung gefällig? Auch das ist möglich! Wir radeln im Anschluss auf der Deichkrone weiter, dann mäandriert die Route durch das Küstenhinterland. Wir orientieren uns stets an der Destination Barth und kommen an einem weithin sichtbaren Windkraftschöpfrad neben einer Schutzhütte vorbei. Es wurde 1914 zur Entwässerung der eingedeichten Flächen errichtet. Kurvenreich gelangen wir zum winzigen Hafen Flemendorf, wo sich die Tour zum schmalen Pfad auf dem Deich hin wendet. Bereits nach 250 m haben

BLICK BIS ZUM DARSS
Den schönsten Überblick über 8 / Barth und seine Umgebung verschafft man sich vom Turm der Marienkirche aus. 180 Stufen führen zu einer Plattform in 55 m Höhe.

KM 46

Die Hochmütigkeit ihrer Bewohner soll die unermesslich reiche Handelsstadt Vineta einst in den Untergang gestürzt haben. Seitdem wird über den Ort des Geschehens gerätselt. Die jüngste Theorie verortet die versunkene Metropole im Barther Bodden – weshalb 8 / Barth nun unter der Bezeichnung Vinetastadt firmiert.

wir wieder Asphalt unter den Pneus und gelangen zum 7 / Hafen von Dabitz, wo ein kleines, schön gelegenes Bistro (tgl. 9–17 Uhr, Boddenstraße 1, 18314 Kenz-Küstrow) zur Rast verleitet. Kaffeeduft liegt in der Luft. Warum nicht? Schließlich sind von hier nur noch wenige Kilometer bis zum Ziel zurückzulegen. Geradewegs setzt sich die Tour dann fort, die bald recht hügelig landeinwärts verläuft. Gut beschildert erreichen wir den Barther Ortsteil Glöwitz. Beim Trafohäuschen biegt die Route links in Richtung Barth ein. Der Straßenverlauf bringt uns nun hinein nach 8 / Barth, wohin uns auch Tour 9 führt (s. S. 73). Am Hafen kannst du im Café Jambolaya (tgl. 14–24 Uhr, Am Osthafen 3, 18356 Barth, www.jambolayya.de) die Hafenatmosphäre genießen und auch gleich noch einen Blick auf die hauseigene Galerie mit Kunsthandwerk aus Westafrika werfen.

TOURENINFO / Die Tour verläuft auf Radwegen sowie kleineren Straßen und ist gerade für Kinder gut geeignet. Badesachen einpacken.

◄ links / Bei jedem Wetter eine Schönheit   ▲ oben / Hafen von Barth

START
Ozeaneum im Stralsunder Hafen

ZIEL
Hafen in Barth

HINKOMMEN
Auto / Parkplatz an der Hafenstraße
ÖPNV / Mit dem Zug zum Bahnhof Stralsund

▶ **1 /** Ozeaneum Stralsund ▶ **2 /** Strandbad ▶ **3 /** Strand Klein Damitz ▶ **4 /** Kranichzentrum Groß Mohrdorf ▶ **5 /** Rast- und Badeplatz Nisdorf ▶ **6 /** Hafen Zühlendorf ▶ **7 /** Hafen Dabitz ▶ **8 /** Hafen Barth

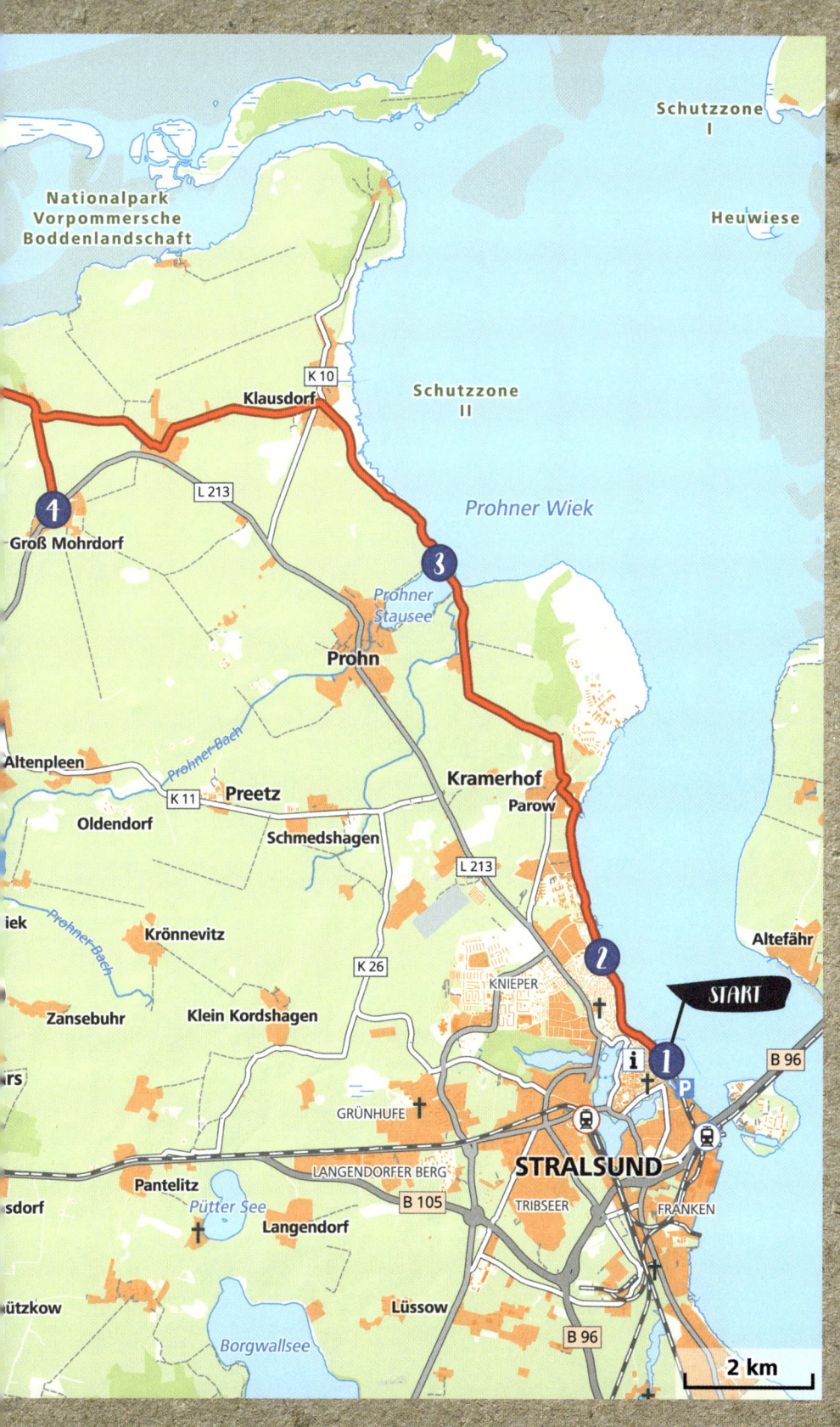

FÜR DEN DURCHBLICK

Ich habe bei der Tour durch die Sundischen Wiesen immer ein Fernglas dabei, die Chance auf Adlersichtungen ist hier richtig groß!

▶ **1 /** Noch ein Fischbrötchen im Zingster Hafen und dann los

▶ **2 /** Beim Fähranleger Müggenburg hinüber auf die Insel Kirr blicken

▶ **3 /** Am Rastplatz Ablage gemütlich am Schilfgürtel pausieren

▶ **4 /** In den Sundischen Wiesen beim Rastplatz das Picknick auspacken

▶ **5 /** Vom Ellerhof zur Hohen Düne wandern

▶ **6 /** Im Herbst von Pramort Ausschau nach Kranichen halten

▶ **7 /** Einen Kaffee am Schlösschen Sundische Wiese genießen

▶ **8 /** Von der Zingster Seebrücke mit der Tauchgondel in die Unterwasserwelt aufbrechen

NACH OSTEN!

Von Zingst *durch die* Sundischen Wiesen *nach* Pramort

Schnell bleibt der Zingster Boddenhafen zurück, wenn unsere Pneu über den Deichweg bis zum Fähranleger Müggenburg surren. Was für ein Blick hier auf die Vogelinsel Kirr! Aussichtsreich geht es durch die Sundischen Wiesen im Herzen des Nationalparks weiter, bis zum Pramort, der östlichsten Spitze der Halbinsel Fischland-Darß-Zingst.

37 Kilometer
13 Höhenmeter
3:15 Stunden
Rundtour

Die Vogelinsel Kirr im Blick

Am 1 / Boddenhafen von Zingst, dem Start- und Endpunkt unserer Tour – wie auch von Tour 9 (s. S. 73) –, legen verschiedene Ausflugsschiffe an und ab. Entsprechend groß kann der Besucherandrang hier zuweilen sein. Vor der Tour kannst du dich noch einmal mit einem frisch zubereiteten Fischbrötchen stärken, dann schwingst du dich in den Sattel und radelst auf dem Deichweg in Richtung Pramort. Schnell bleibt der Trubel zurück. Boddenseitig hast du gleich einen schönen Blick über den Zingster Strom auf die ausgedehnte Vogelschutzinsel Große Kirr, die dicht vor dem Hafen liegt. Wir kennen die Insel schon von Tour 9 (s. S. 74). Wie die weithin sichtbaren Ruinen zeigen, ist sie größtenteils verlassen und

CHARAKTER
Sportlich ●●●○○
Abkühlung ●●●●●
Schlemmen ●●●○○
Panorama ●●●●●

◂ links / Auch die Seebrücke Zingst hat eine Tauchgondel

VOM BODDEN ZUM MISSISSIPPI

Mit dem Mississippi-Schaufelraddampfer River Star kann vom 1 / Zingster Hafen aus die spektakuläre Inselwelt des Barther Boddens erkundet werden!

einem strikten Naturschutzreglement unterworfen. Hier brüten besonders seltene oder gar vom Aussterben bedrohte Vogelarten, wie der Alpenstrandläufer, der Kampfläufer, die Bekassine und der Große Brachvogel. Am anderen Boddenufer dominiert die mächtige Marienkirche von Barth die Szenerie. Am besten lässt sie sich durch den Fotorahmen am Wege – ein Kunstprojekt – betrachten. An der hiesigen Gabelung schwenken wir rechts. Bald erreicht die Tour bei einer Schutzhütte den 2 / Fähranleger Müggenburg. Hier solltest du einen Stopp einlegen, denn der Blick über den an dieser Stelle recht schmalen Zingster Strom zur Vogelinsel ist beeindruckend. Nur schade, dass wir nicht hinüberdürfen! Die Fähre dient vor allem dem Transport der Rinder des Gutes Darß, die die sommerliche Beweidung auf der Großen Kirr übernehmen. Dadurch werden die von Bodenbrütern genutzten Wiesen erhalten, auf denen sich sonst schnell Schilf ausbreiten würde. Wertvolle Brutflächen gingen dann verloren.

Die Sundischen Wiesen

Neben dem Deich radeln wir nun in Richtung Pramort weiter. Wiesen und Weiden begleiten uns, während die Räder über den Asphalt surren. Eine ganze Reihe von Aussichtsplattformen verleiten auf diesem Abschnitt zur panoramenreichen Rast. Über den Deich hinweg lässt du deinen Blick über die tiefblaue Wasserfläche des Boddens schweifen. Das gegenüberliegende Festland wird von der Barther Silhouette in Szene gesetzt. Direkt am Schilfsaum pausieren kannst du am 3 / Rastplatz Ablage. Schließlich erreicht die Route eine Radwegkreuzung und überquert diese in Richtung Pramort. Wir radeln nun durch ein Herzstück des Nationalparks Vorpommersche Boddenlandschaft: die Sundischen Wiesen. Das Gebiet war einst im Besitz der Stadt Stralsund, woran heute nur

› rechts groß / Die Vogelinsel Große Kirr ist fast gänzlich verlassen ›
rechts klein / Schutzhütte in der Nähe des Fähranlegers Müggenburg

KM 4

Auf der Insel Kirr finden 68 Vogelarten ein sicheres Brutgebiet. Neben Enten, Gänsen, Möwen und verschiedenen Singvögeln sind es vor allem Alpenstrandläufer und Kampfläufer, denen die Aufmerksamkeit der Naturschützer gilt. Vom 2 / Fähranleger Müggenburg bietet sich ein guter Blick auf das Eiland. Fernglas nicht vergessen!

NATOUR

> **NATIONAL-PARK-CARD**
> Von September bis November ist der Zugang zu den Sundischen Wiesen nur eingeschränkt möglich! Wer den Kranichflug beobachten möchte, muss die Nationalpark-Card buchen (www.zingst.de).

noch der Name erinnert. Kaum mehr vorstellbar ist auch, dass diese Idylle im 20. Jahrhundert als militärisches Übungsgelände für Bombenabwürfe diente. Seit 1990 wird der Landstrich renaturiert, was nach der Einstellung der Entwässerungsmaßnahmen mit einer (erwünschten) Durchnässung des Bodens einherging. Viele Bäume bekamen so „nasse Füße" und starben ab. Auf ihnen trocknen heute Kormorane ihre Gefieder. Mit Glück sind über unseren Köpfen kreisende Seeadler zu entdecken. Faszinierend ist der Vielklang der Blautöne von Himmel, Meer und Binnenseen. Man kann sich daran kaum sattsehen! Wir passieren schließlich einen etwas abseits gelegenen 4 / Rastplatz rechter Hand.

ÜBER BOHLEN SPAZIEREN

Per pedes zur Hohen Düne

Wenig später verweist die Beschilderung auf eine Wanderung, die hier zu Fuß unternommen werden kann (und sollte!!): Von deinem Standort am einst hier bestehenden 5 / Ellerhof verläuft ein Boh-

lenweg vorbei an Aussichtspunkten zur Hohen Düne an der Küste. In einer Dreiviertelstunde bist du die 2,7 km hin und zurück zur Düne spaziert. Oder du nimmst den Rundweg über Düne und Pramort – dann sind es 6 km und ca. 1:45 Stunden. Von der Plattform an der Düne schweift dein Blick über den unberührten Strand und die Ostsee bis zur nahen Insel Hiddensee. Zurück kannst du auf gleichem Wege oder über den ehemaligen Dreschhof laufen, von dem dich der Asphaltweg wieder zum Radparkplatz leitet.

Wo die Kraniche übernachten
Wieder am Rad erreichen wir schon bald die 6 / Vogelbeobachtungshütten von Pramort. Insbesondere im Herbst, zur Zeit der rastenden Kraniche, ist ein Aufenthalt hier ein unvergessliches Erlebnis. Dann übernachten vor der Küste tausende der Großvögel in den flachen Gewässern. Mit großem Getöse fallen sie jeden Abend bei der Rückkehr von ihrer Nahrungssuche auf den Feldern des Festlandes in Pramort ein. Allerdings sind dann auch besondere Zugangsregeln zu den Sundischen Wiesen zu beachten! Wir genießen die wohlverdiente Rast und treten dann den Rückweg auf unserem Deichradweg an.

VIEL-FLIEGER

Kraniche halten ihre vertrauten Flugrouten exakt ein. Vor allem für Vögel aus Skandinavien ist Deutschland ein wichtiges Durchzugsland, wo sie sich an bestimmten Plätzen sammeln und sich ein Fettpolster zulegen. Die Winterquartiere liegen in Spanien und Nordafrika.

◂ links / Über Bohlen zur Hohen Düne ▴ oben / Die Sundischen Wiesen

NATOUR

Biergarten in Boddenlandschaft

Erst nach 8 km biegen wir am Weiser rechts in Richtung Nationalpark-Info ein. Nach einem kurzen Stopp in der kleinen Ausstellung radeln wir auf dem Sträßchen Zum Strand weiter. Wir passieren den Parkplatz und biegen dann, knapp 500 m nach der Info, rechts auf den Betonweg Richtung Strand ein. Hier lädt der Biergarten des 7 / Schlösschens Sundische Wiese im Schatten einer gewaltigen Eiche zur Einkehr ein (April–Okt. 10–17, Nov.–März 12–16 Uhr, www.hotelschloesschen.de). E-Biker haben hier zudem die Möglichkeit, ihre Akkus nachzuladen. Die wunderbar idyllische Lage ist der perfekte Rahmen für eine längere Rast – Zeit, die Beine auszustrecken und einen duftenden Kaffee zu genießen.

KOMBINATION

E-Biker, die in eine Verlängerung gehen wollen, können von 1 / Zingst aus auch noch die Tour 9 nach Barth in Angriff nehmen (s. S. 73). Zurück geht es von dort mit der Fähre.

Zum Strand!

Schließlich radeln wir auf dem Betonweg dem Weiser Strand/Dreiländereck folgend weiter. Wir schwenken unmittelbar auf den asphaltierten Radweg links und orientieren uns nun bis zum Ziel an der Destination Zingst. Bald verläuft die Route parallel zum Strand auf dem Deich. Zahlreiche Strandaufgänge verlocken zu einem erfrischenden Bad in der Ostsee. Was

KM 0

Ob für die Beobachtung der Vogelschutzinsel aus der Ferne, der Kraniche im Herbst oder einfach der Natur zwischen Ostsee und Bodden: Ein Fernglas lohnt sich. Dieses sowie entsprechende Objektive für die Kamera kann man im Max Hünten Haus in 1 / Zingst, einem modernen Haus mit vielfältiger Nutzung, das Ort der Begegnung und Zentrum der Fotografie ist, ausleihen.

kann es Schöneres geben? Also hinab an den Strand und hinein in die Wellen! Bei günstiger Witterung lässt sich auch von hier der Dornbusch, einer der drei Inselkerne Hiddensees, ausmachen. Auf dem Deich bzw. ab Strandaufgang 7 daneben radeln wir anschließend bis zur 8 / Zingster Seebrücke. Immerhin 270 m führt diese auf die Ostsee hinaus. Wer mag, kann an ihrem Kopf mit der Tauchgondel die Unterwasserwelt erkunden. Im Rahmen der Tauchfahrt wird auch ein 3D-Film zum Thema präsentiert. Dann wendest du dich dem größten Seebad auf der Halbinsel Fischland-Darß-Zingst zu. Schon seit 1881 werden hier im größeren Stil Badegäste empfangen. Durch die Fußgängerzone und auf der Hafenstraße kehrst du wieder zum 1 / Hafen am Bodden zurück.

TOURENINFO / Die Tour verläuft auf gut ausgebauten Radwegen. Badesachen einpacken. Ab Ende August bis Anfang November ist der Zugang zu den Sundischen Wiesen nur mit Nationalpark-Card möglich! E-Biker können in der Einkehr im Schlösschen Sundische Wiese den Akku laden.

◀ links / Beobachtungshütte am Wege   ▲ oben / Pause mit Strandblick

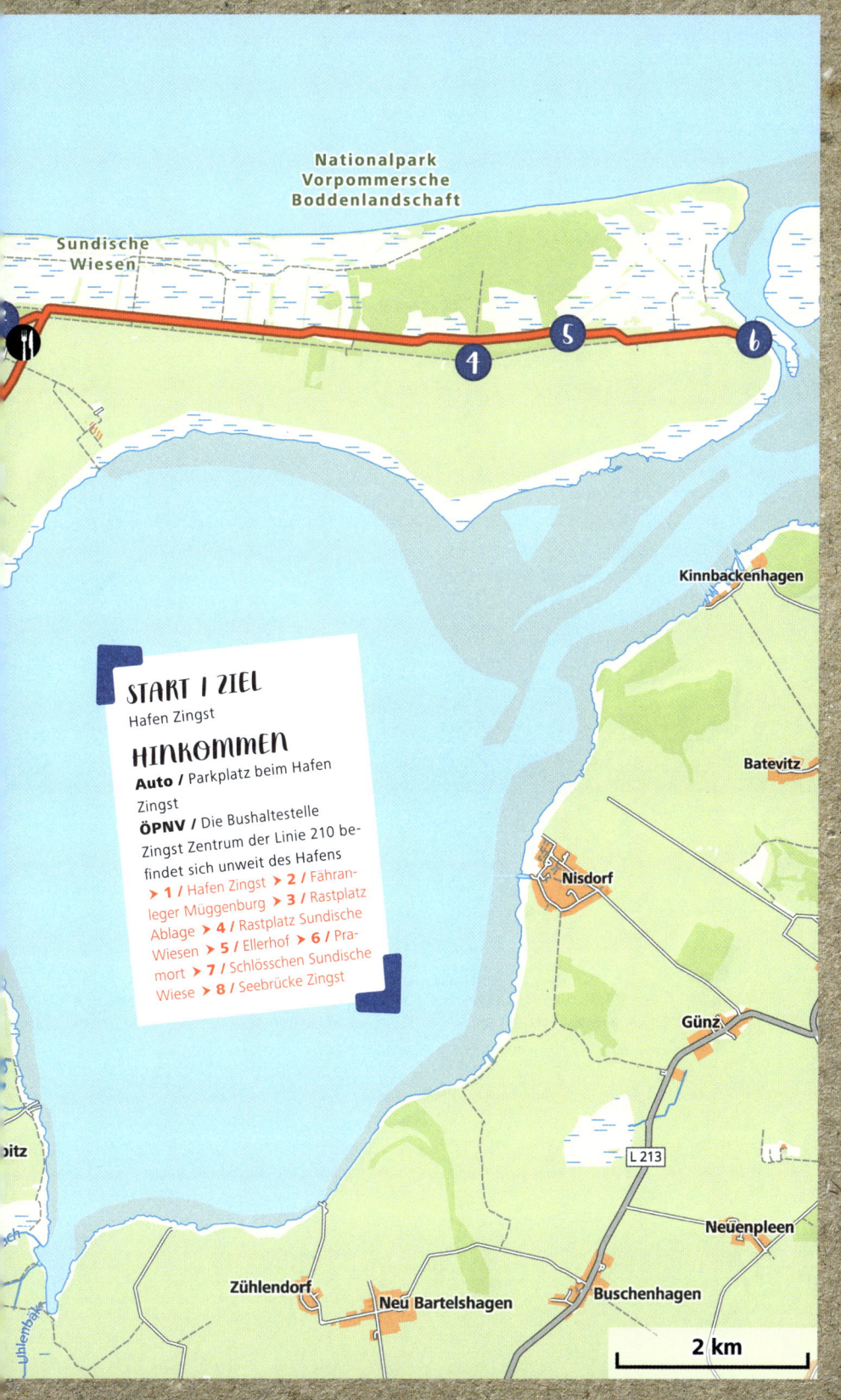

SEHNSUCHTS-ORT

Keine Reise auf den Darß kann vollständig sein, ohne die wilde Schönheit des Weststrands kennengelernt zu haben – am besten durch einen ausgedehnten Spaziergang.

> **1 /** In der Bunten Stube in Ahrenshoop nach Mitbringseln Ausschau halten

> **2 /** Sich am 360°-Panorama vom Bakelberg kaum sattsehen können

> **3 /** Im Hafen Althagen eine Zeesboot-Tour planen

> **4 /** Ein Fischbrötchen probieren im Hafen Born

> **5 /** Die Nationalparkausstellung in Wieck besuchen

> **6 /** Rasten im Urwald am Großen Stern

> **7 /** In die Ostseewellen springen am naturbelassenen Weststrand

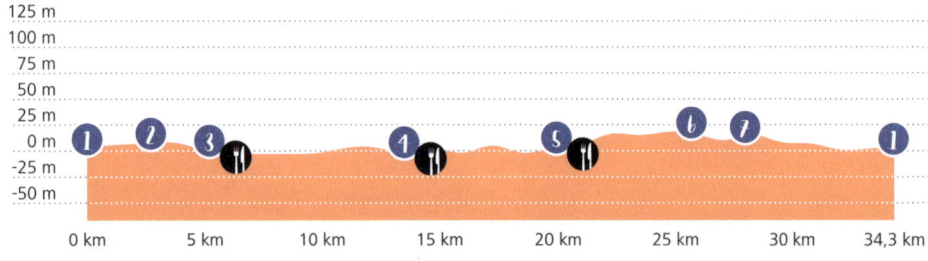

HAFENIDYLLE & URWALD-FEELING

NaTour 16

Von der lichten **Boddenküste** *ins dichte Grün des* **Darßer Urwalds**

Wir lassen den Künstlerort Ahrenshoop hinter uns und radeln am aussichtsreichen Steilufer entlang. Wie wär´s mit einem Panoramablick vom höchsten Berg der Halbinsel? Durch malerische Boddenhäfen erreichen wir den Darßer Urwald. Eine Abkühlung am naturbelassenen Weststrand gibt es inklusive.

35 Kilometer
15 Höhenmeter
3:15 Stunden
Rundtour

Auf geht's in Ahrenshoop

Wir steigen bei der legendären 1 / Bunten Stube in der Dorfstraße 24 in den Sattel. Der auffällige Bau wurde vom Bauhausarchitekten Walter Butzek 1929 konzipiert. Seitdem markiert das halbrunde Gebäude in Rot und Weiß das Zentrum von Ahrenshoop. Heute kannst du hier zwischen hochwertigem Kunsthandwerk, Büchern und regionalen Produkten stöbern. Zum Glück also endet unsere Tour auch wieder hier. Zunächst folgen wir jedoch der verkehrsreichen Dorfstraße ein Stück in Richtung Wustrow, bis wir rechts in den Grenzweg biegen. Dieser leitet uns zum Hochufer – einem pittoresken Steilküstenabschnitt zwischen Ahrenshoop und Wustrow. An der Verzweigung Kaempffstraße/Kinderstraße bleiben wir rechts auf unserem Weg.

CHARAKTER
Sportlich ●●●○○
Abkühlung ●●●●○
Schlemmen ●●●●○
Panorama ●●●●○

◂ links / Boddenidylle bei Wieck

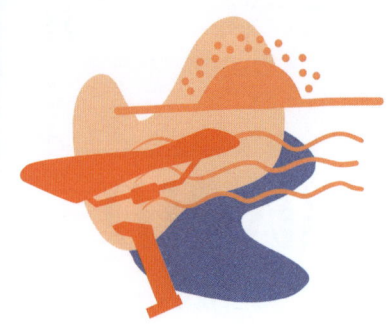

Gipfelsturm

Es geht nun stets nahe der Hochuferkante entlang, Strandabgänge und Aussichtspunkte verlocken hier zum frühen Verweilen. Der Blick über den weißen Strand und das blaue Meer ist auch zu schön. Wir strampeln bergan in Richtung Wustrow und Niehagen. Die kleine Kuppe mit einem aussichtsreichen Rastplatz 100 m links des Weges ist der 2 / Bakelberg, mit 18 m die höchste Erhebung der Halbinsel. So einfach wird dir ein Gipfelsturm selten gemacht! Die Aussicht reicht über das Meer und den Bodden – schließlich stehst du hier auf der Wespentaille der Halbinsel Fischland-Darß-Zingst.

HOCHUFER MIT SCHWINDSUCHT
Die Wespentaille der Halbinsel wird immer schmaler, denn die Winterstürme nagen an der Steilküste zwischen Wustrow und Ahrenshoop. Jahr für Jahr verschwinden ein bis drei Meter im Meer.

Hafenhopping

Zurück am Weg schwenkt die Route wenige Meter weiter an einer Sternkreuzung nach Althagen Hafen links ein. Der Plattenweg leitet zur Straße, wir queren diese und folgen kurz der Beschilderung Ahrenshoop. Dann allerdings führt uns das Sträßchen Fulge entlang des Schilfsaums des Saaler Boddens. Was für ein Idyll: Links reihen sich reetgedeckte Häuschen aneinander, rechts flattert Wäsche im Wind. Einige Fotostopps sind hier fast unvermeidlich! Bei einem Pflasterweg erreicht die Tour den pittoresken 3 / Hafen von Althagen. Verführerischer Duft von Räucherfisch steigt uns hier in die Nase – im Räucherhaus wäre eine erste Stärkung möglich (in der Saison tgl. 9–18 Uhr, Hafenweg 6, www.raeucherhaus.com). Dabei fällt der Blick auf einige im Hafenbecken sanft schaukelnde Zeesboote, die hier auf Interessenten für Rundfahrten warten. Du radelst anschließend auf einem Deichweg – die Beschilderung weist hier nach Born – am Saaler Bodden weiter. Ungehindert kann der Blick über das Gewässer und ausgedehnte Weiden schweifen. Teile der Polderwiesen werden heute wieder renaturiert. Durch gezielte Flutungen sind flache Bin-

▸ rechts groß / Am Bodden flattert die Wäsche im Wind ▸ rechts klein / Zeesboote im Hafen Althagen

KM 5

In vielen Boddenhäfen, so auch im 3 / Hafen Althagen, können Zeesbootfahrten gebucht werden. Einst prägten die imposanten Holzboote mit ihren charakteristischen rotbraunen Segel das Bild der Boddenfischerei. Dabei kamen Schleppnetze – die Zeese – zum Einsatz, die einen reichen Fang garantierten.

NaTour

DARSSER ARCHE

So eindrucksvoll, wie die Architektur von außen, ist auch die 5 / Nationalparkausstellung im Inneren: Sie beflügelt die Fantasie und weckt Neugier. Sehr zu empfehlen!

AM DEICHWEG ÜBERS WASSER

nenseen entstanden, die ein Refugium für unzählige Wasservögel darstellen. Selbst eine exotisch anmutende Wasserbüffelherde fühlt sich hier im hohen Norden wohl und kann manchmal gesichtet werden. Auch die Wälder am landseitigen Ufer des Saaler Boddens sind gut zu erkennen. Schließlich erreichst du das Gelände des Regenbogencamp-Zeltplatzes, über das Räder geschoben werden sollten. 50 m nach dem Zeltplatz geht es geradewegs weiter, danach leitet uns die Beschilderung Wieck/Hafen Born hinein nach Born und durch den kleinen Ort zum 4 / Hafen Born. Achte dabei auf die vielen farbenfroh gestalteten Darßer Türen, die als ein Markenzeichen der Halbinsel gelten. Eine Pause gefällig? Die lässt sich gut im Hafenbistro (März–Okt., Hafen Born, www.fisch-flotow.de) mit Blick auf den Bodden einlegen.

Darßer Urwald

Auf der großen Chausseestraße radeln wir nun landeinwärts, passieren das Forst- und Jagdmuseum und schwenken erst kurz vor der Überlandstraße bei der Bushaltestelle rechts auf den Radweg nach Wieck ein. Im nahen Wald sorgt ein Farnteppich für Dschungelflair, über das sich auch die meist zahlreichen Mücken freuen. Nur kurz geht es geradeaus auf einem Plattenweg weiter, bevor wir nach wenigen Metern bei einem Rastplatz links auf einen schmalen Weg einbiegen. Wieder fährst du am Bodden entlang, bis dich ein Weiser Richtung Wieck Zentrum/Darßer Arche nach links leitet. Unübersehbar dominiert das grandiose Bauwerk der Nationalparkausstellung Darßer Arche (Juni–Sept. tgl. 9–17, Mai, Okt. tgl. 10–17, Nov.–März Mo–Fr 8–16, April tgl. 8–16 Uhr, Bliesenrader Weg 2, 18375 Wieck, www.darsser-arche.de) das Zentrum von 5 / Wieck. Nimm dir hier ruhig die Zeit für die tolle Präsentation. Danach kannst du den leckeren Kuchen im hauseigenen Café Fernblau genießen. Tour 8 (s. S. 65) läuft von Wieck bis zum Peterskreuz parallel mit unserer Tour, verabschiedet sich dann aber in einen Rundkurs in den Norden der Insel. Wir radeln nun auf der Hauptstraße nur 20 m nach links und schwenken gleich

BRUNFT

Eine Radtour mit Rangern zu röhrenden Hirschen? Während der Brunftzeit wird das einmalige Erlebnis angeboten. Buchbar auf der Internetpräsenz der

5 / Darßer Arche.

◄ links / Im Hafen von Born   ▲ oben / Radeln im Darßer Urwald

NATOUR

ins Sträßchen Nordseite ein. Dieses bringt uns zur großen Durchgangsstraße, der Bäderstraße. Wir queren diese, radeln auf der Nordseite gegenüber weiter und erreichen geradewegs den Wald in Richtung Weststrand. Auf dem recht schmalen Radweg gelangen wir in das Gebiet des Nationalparks Vorpommersche Boddenlandschaft. Und tatsächlich hüllt dich gleich das dämmrige und dichte Grün des Darßer Urwaldes ein. Neben der Destination Weststrand leitet dich hier auch die Beschilderung Peterskreuz. Diese große Kreuzung ist bald erreicht. Nun radeln wir in Richtung Ahrenshoop über Großer Stern weiter. Der schmale Weg schlängelt sich neben dem Reitweg durch den knorrigen Buchenwald, der unsere Köpfe wir eine mächtige Kathedrale überragt. Endlich gelangt die Tour zur Kreuzung 6 / Großer Stern. Eine wenig entfernte Schutzhütte rechter Hand lädt hier zur Rast ein.

WILDWUCHS

Größer könnte der Gegensatz kaum sein: Kurz vor dem lichtdurchfluteten Weststrand taucht man in dämmriges Grün ein. Mannshoch bedeckt beim 6 / Großen Stern der Adlerfarn den Boden. Knorrige Buchenwälder wechseln sich mit dichten Nadelforsten ab. Seit der Gründung des Nationalparks 1990 bleibt die Natur im Darßwald sich selbst überlassen.

Strandstopp

Direkt am Großen Stern leitet dich der Weiser im Schatten einer gewaltigen Buche geradeaus in Richtung Ahrenshoop weiter. An Verzweigungen orientierst du dich entsprechend dieser

5

Seit 2013 hat in 1 / Ahrenshoop das Kunstmuseum seine Pforten geöffnet. Der Museumsbau – er besteht aus 5 stilisierten Fischerkaten in Goldgelb – zieht die Blicke auf sich. Die Sammlung nimmt Bezug auf die Ahrenshooper Künstlerkolonie, umfasst aber auch zeitgenössische Werke.

Destination. An einer beschilderten Kreuzung 2 km (!) nach dem Großen Stern kannst du noch einen Kurzabstecher zum wunderbar naturbelassenen 7 / Weststrand unternehmen. Der urige Strand wird bereits nach 500 m erreicht. Kurz vor Tourenende ist dies sicher kein schlechter Zeitpunkt für einen Sprung in die Ostseewellen.

Zurück nach Ahrenshoop
Zurück auf unserem Radweg ignorieren wir nach kurzer Zeit den nach rechts abzweigenden Weg nach Ahrenshoop – hier radeln wir geradeaus in Richtung Parkplatz Drei Eichen weiter. 400 m vor diesem biegst du dann rechts ein und erreichst gleich den asphaltierten Deichradweg nach Ahrenshoop. Auf dem Deichweg fährst du nun – vorbei an zahlreichen verlockenden Strandaufgängen – zurück in den Künstlerort und zur 1 / Bunten Stube.

TOURENINFO / Die Tour verläuft auf Rad- und (z.T recht schmalen) Waldwegen. Für Anhänger deshalb ungeeignet. Badesachen einpacken.

◀ links / Pittoresk – die Mühle Ahrenshoop ▲ oben / Das hohe Ufer bei Ahrenshoop

START | ZIEL
Die Bunte Stube in der Ahrenshooper Dorfstraße

HINKOMMEN
Auto / Kostenpflichtiger Parkplatz im Ort.
ÖPNV / Die Bushaltestelle Ahrenshoop Mitte wird von der Linie 210 angefahren

➤ **1 /** Bunte Stube Ahrenshoop
➤ **2 /** Bakelberg ➤ **3 /** Hafen Althagen ➤ **4 /** Hafen Born
➤ **5 /** Nationalparkausstellung Wieck ➤ **6 /** Großer Stern
➤ **7 /** Weststrand

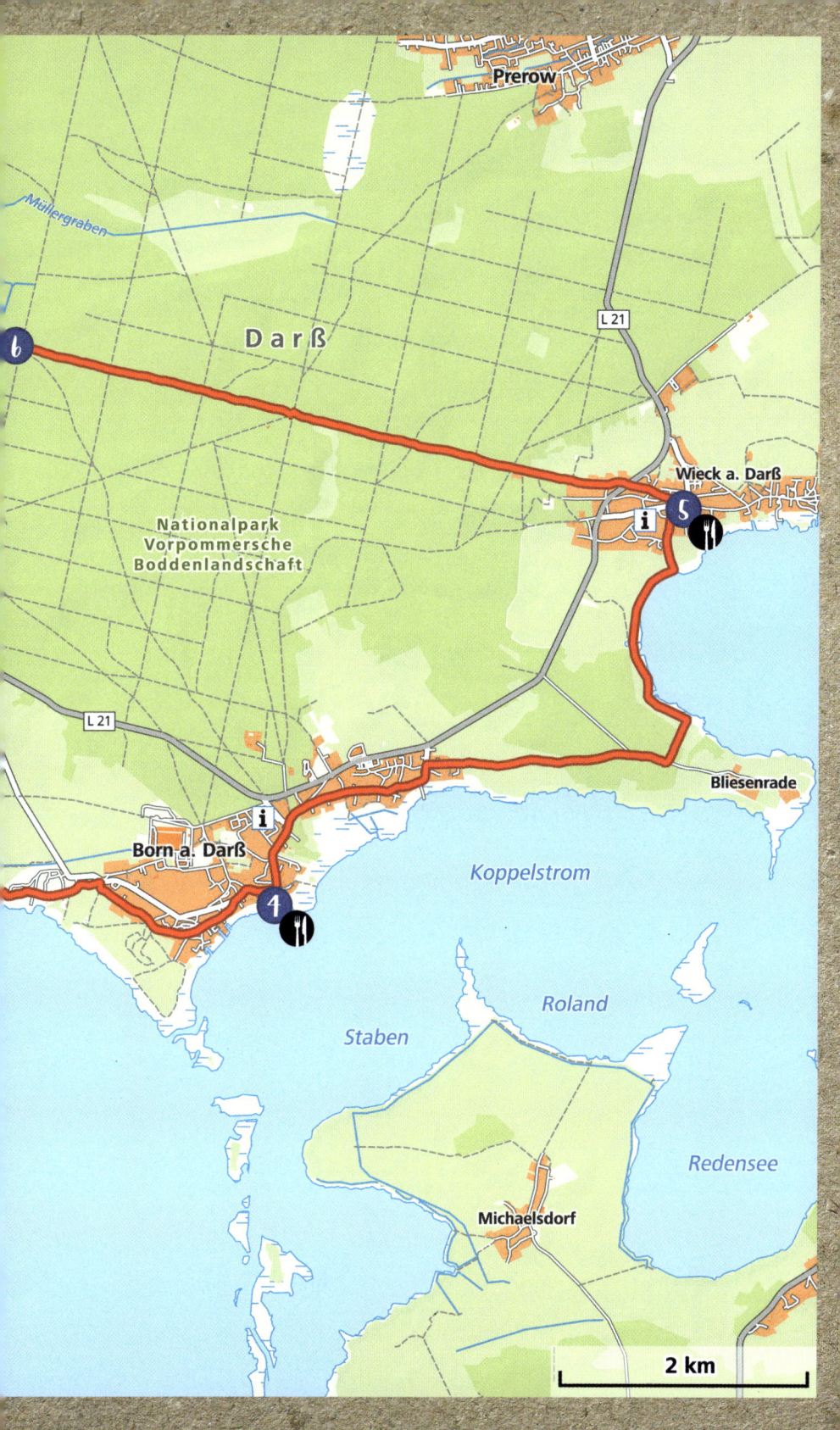

ENDLICH STRAND!

Ich genieße nach der Fahrt durch das Ribnitzer Moor den Sprung in die erfrischenden Ostseewellen. Danach schmeckt ein leckeres Fischbrötchen im Dierhäger Hafen am Besten.

> **1 /** Im Bernsteinmuseum am alten Ribnitzer Kloster lassen wir die Tour starten und enden

> **2 /** Die Flugkünste der Flussseeschwalben am Bernsteinsee bewundern

> **3 /** Durch Omas Welt im Freilichtmuseum Klockenhagen flanieren

> **4 /** Entspannen am Naturpfad beim Infozentrum Wald und Moor

> **5 /** Abkühlen in den Ostseewellen von Dierhagen Strand

> **6 /** Im Geschichtshaus Dändorf staunen

KulTour

BERNSTEINTOUR

Durchs **Große Moor** *zum*
Ostseestrand in Dierhagen

Vom Ribnitzer Hafen begleitet uns eine frische Seebrise in die urwüchsigen Waldgebiete rund um das Große Moor. In Dierhagen warten schon der weiße Sandstrand und die rauschenden Ostseewellen, bevor wir am Saaler Bodden zurückradeln.

Alles dreht sich um den Bernstein

Im ehemaligen Klarissenkloster in Ribnitz ist heute das berühmte 1 / Bernsteinmuseum untergebracht (April–Okt. tgl. 9:30–18:00, Nov.–März Di–So 9:30–17:00 Uhr, Im Kloster 1–2, 18311 Ribnitz-Damgarten, www.deutsches-bernsteinmuseum.de). Und weil sich auch sonst vieles um den edlen, honiggelben Stein dreht, vermarktet sich Ribnitz-Damgarten gern als Bernsteinstadt. Trotz des Namens sind die begehrten Schmuckstücke der Natur keine Steine, denn vor 35 Millionen Jahren erblickten sie als zähflüssiges Harz das Licht der Welt. Die klebrige Flüssigkeit tropfte zu Boden und schloss dabei hin und wieder Insekten und Pflanzenteile ein – für immer. Selbst kleine Echsen und Skorpione ereilte (sehr selten) dieses Schicksal – solche Inklusen gehören heute zu den Schätzen des Museums.

32 Kilometer
12 Höhenmeter
2:45 Stunden
Rundtour

CHARAKTER
Sportlich ●●○○○
Abkühlung ●●●●●
Schlemmen ●●●○○
Panorama ●●●○○

◀ links / In Ribnitz-Damgarten startet unsere Tour

Aufgesattelt!

Bei diesem steigen wir in den Sattel, radeln die wenigen Meter zum Bernsteinfischerbrunnen am Markt zu Füßen der wuchtigen Stadtkirche St. Marien und gelangen gleich zum Hafen. Meist tanzen hier zahlreiche Schiffe auf den Wellen. Verführerisch liegt der leckere Duft von frischem Räucherfisch in der Luft. Warum sollte man sich vor der Tour nicht noch eine Stärkung gönnen? Die Beschilderung Dierhagen leitet uns dann am Hafen vorüber. Bald radeln wir über eine Holzbrücke und danach immer am Schilfsaum entlang. Hin und wieder gibt das wogende Schilf einen Blick auf den in der Sonne blitzenden Saaler Bodden frei.

In Körkwitz nutzen wir die Verkehrsbrücke und biegen danach sofort rechts ein. Wenig später schwenkt die Route beim Weiser am Klärwerk links in Richtung Klockenhagen. Wir queren die viel befahrene Bäderstraße und folgen dem Sträßchen gegenüber, das eine Rechtskurve beschreibt.

HONIGGELB
Kein Besuch in Ribnitz-Damgarten ohne das 1 / Bernsteinmuseum! Und ja, es lohnt sich! Schließlich präsentiert es Europas umfassendste Ausstellung über das Gold des Nordens.

Wasserski auf dem Bernsteinsee?

Nur einige Pedaltritte weiter gelangt man zum (wie könnte er anders heißen?) 2 / Bernsteinsee. Keinesfalls solltest du dir das Spektakel entgehen lassen, das während der Brut- und Aufzuchtzeit im Frühjahr und Sommer auf einer kleinen Insel im See beobachtet werden kann: Unüberhörbar ist hier eine angriffslustige Flussseeschwalbenkolonie zu Hause, von der man lieber Abstand hält. Nur einige Meter entfernt haben wir dann die Chance auf eine Mutprobe ganz anderer Art: Wer mag, kann sich hier im Wasserski ausprobieren – von einer Seilwinde wird man über den See gezogen. Das Schwierigste ist der Start, wie der (in dieser Sportart leider wenig erfolgreiche) Autor zu berichten weiß. Nervenkitzel ist auf jeden Fall garantiert. Zahlreiche Bänke am Seeufer laden aber auch ganz

▶ rechts groß / Vogelinsel im Bernsteinsee ▶ rechts klein / Nicht vergessen, die Aussicht unterwegs zu genießen

KM 5

Der 2 / Bernsteinsee entstand auf dem Gelände einer ehemaligen Kiesgrube und ist immerhin 16 m tief. Vor allem zahlreiche Vogelarten wissen das neu entstandene Gewässer zu schätzen. Neben den Flussseeschwalben leben hier z.B. auch Graugänse und Lachmöwen.

KulTour

IN DIE VERLÄNGERUNG
E-Biker können die Tour von 5 / Dierhagen Strand aus problemlos bis in den pittoresken Nachbarort Wustrow erweitern.

risikofrei zur Rast ein. Entlang einer schönen Eichenallee erreichen wir dann die Landstraße.

Abstecher in die Vergangenheit
Hier hat man die Möglichkeit, den ausgesprochen lohnenden, gut beschilderten Kurzabstecher zum 3 / Freilichtmuseum Klockenhagen (April–Okt. Di–So 10–17, Juli/Aug. bis 18 Uhr, Mecklenburger Str. 57, 18311 Ribnitz-Damgarten, www.freilichtmuseum-klockenhagen.de) zu unternehmen: Beim Schlendern durch die liebevoll arrangierten historischen Häuser fühlt man sich in Omas Zeiten zurückversetzt. Wirf ruhig auch einen Blick in den Dorfladen, der „die guten alten und oft nützlichen Dinge" im Sortiment führt. Mecklenburgische Küche vom Feinsten kann man dann im Museumsrestaurant Up dei Däl probieren. Schließlich radeln wir zurück zu unserem Weiser an der Eichenallee, überqueren die Landstraße und gelangen nach 2 km zum 4 / Infozentrum Wald und Moor (Juni–Okt. Mi–Fr

WIE ZU OMAS ZEITEN
Was 1970 mit einem Bauernhof begann, hat sich bis heute zu einem Dorf im Dorf ausgewachsen: 20 Beispiele norddeutscher Dorfarchitektur bilden heute im 3 / Freilichtmuseum Klockenhagen ein beeindruckendes Ensemble. Gerade kleine Radler werden von den vielen Mitmachangeboten begeistert sein.

10–17 Uhr) mit einer kleinen Ausstellung, die uns einiges zur Entstehung des Ribnitzer Großen Moores sowie zu dessen Fauna und Flora verrät. Auch der umzäunte Naturpfad gegenüber lohnt einen Besuch. Eine ganze Reihe von informativen Stationen wurden hier mit viel Engagement errichtet. Zudem eignet sich das Areal wunderbar für eine Rast. Ganz entspannt kann man hier unter dem rauschenden Blätterdach die Seele baumeln lassen und dem Gezwitscher der Vögel zuhören. Und doch steigen wir schließlich wieder aufs Rad, denn es zieht uns ans Meer.

Endlich Strand!
Unsere Tour setzt sich gegenüber dem Infozentrum in Richtung NSG Ribnitzer Großes Moor fort. Gleich radeln wir durch schattiges, dichtes Grün – mächtige Buchen, Eichen und Fichten säumen den Weg. An einer großen Kreuzung stößt die Route auf den Fischländer Weg, auf dem sie nun nach rechts, das Schild weist nach Neuhaus, verläuft. Vorbei an einigen schönen Rastplätzen gelangen wir bald zu einer Straße, welcher die Tour fahrbahnbegleitend bis 5 / Dierhagen Strand folgt, wo auch Tour 6 startet (s. S. 49). Um im Ort zum Strand zu gelangen, biegen wir in die Ahornstraße

AHOI!
Zwischen 5 / Dierhagen und Ribnitz verkehrt ein Ausflugsschiff, mit dem man ganz bequem quer über den Saaler Bodden zurück zum Ausgangsort schippern kann.

links / Klockenhagen oben / Urwaldstimmung im Ribnitzer Moor

KulTour

und stehen dann gleich am schneeweißen Ostseestrand. Zudem führen hier eine ganze Reihe von Ständen Eis und andere Köstlichkeiten im Angebot. Wie wäre es nach einem erfrischenden Bad mit einem Strandspaziergang? Die Chance auf Bernstein-Finderglück ist hier aber nur am frühen Morgen nach stürmischen Nächten gegeben. Das beruhigende Rauschen der Wellen im Ohr machen wir uns wieder auf den Weg. Aus Dierhagen Strand heraus leitet uns wieder die Durchgangsstraße (Ernst-Moritz-Arndt-Straße). Sie führt zur Ampelkreuzung, die geradewegs Richtung Dierhagen-Hafen überquert wird. Bald bringt uns die Hafenstraße zum kleinen Boddenhafen. Kleine Fischerboote dümpeln im Hafenbecken. Wir können unseren Blick über den Bodden hinweg bis hinüber zum Festland schweifen lassen. Auch hier gibt's leckeren, frisch geräucherten Fisch zu kaufen.

RÄUCHERFISCH IM HAFEN

Am Saaler Bodden

Die Tour orientiert sich nun an unserem nächsten Stopp Dändorf. Wir radeln auf einem befestigten Weg am Schilfsaum und an Pferdekoppeln entlang – bezaubernde Blicke auf den Saaler Bodden inklusive. Kleine Boote mit weißen Segeln bahnen sich ihren Weg am Horizont, Möwen kreischen über unseren Köpfen. Am

KM 20

Von Mai bis Oktober wird dienstags und freitags zwischen 9 und 14 Uhr der 5 / Dierhäger Hafenmarkt abgehalten. Du kannst dich hier wunderbar eine Weile durch den Trubel treiben lassen und mit dem einen oder anderen Händler über das Wetter schnacken.

besten lässt sich die Szenerie von einem der schönen Rastplätze genießen. Durch 6 / Dändorf leitet uns dann die zuweilen etwas versteckte Beschilderung in Richtung Ribnitz-Damgarten. Dabei kommen wir auch am Geschichtshaus mit der sehenswerten Fotoausstellung über das Wrack von Dierhagen vorüber – unbedingte Empfehlung! Anhand alter Schwarz-Weiß-Fotos wird hier die Strandung des Dreimastschoners Janne nachgezeichnet. Am kleinen Rastplatz davor kannst du zudem genüsslich in der Bücherzelle stöbern. Entsprechend unserer Destination geht es bald fahrbahnbegleitend, ein kurzes Stück auch an der Bäderstraße, weiter. Bei Körkwitz Hof schwenkt die Route nach links (weiterhin Ribnitz-Damgarten). Wir passieren kurz darauf das uns bereits bekannte Klärwerk und gelangen endlich zurück nach 1 / Ribnitz. Hier kannst du die Tour gemütlich im Hafenrestaurant ausklingen und dir die frische Meeresbrise um die Nase wehen lassen.

TOURENINFO / Gut geeignet für Familien mit Anhänger, asphaltierte Radwege und befestigte Waldwege, keinesfalls Badesachen vergessen.

◂ links / Bernsteinfund   ▴ oben / Radweg direkt am Bodden

WEITBLICK

Ich besteige am Kap Arkona am liebsten den etwas abseits stehenden Peilturm – der Blick auf die Jaromarsburg und das Meer ist einfach grandios.

> **1 /** Neben der Bushaltestelle in Putgarten einen Blick auf das historische Feuerwehrhaus werfen

> **2 /** Bei Nonnevitz die Sicht bis zum Horizont genießen

> **3 /** Im rustikalen Biergarten in Gramtitz rasten

> **4 /** Lust auf ein Fischbrötchen im Hafen Kuhle?

> **5 /** Abkühlung am Boddenstrand von Dranske finden

> **6 /** Das wunderbare Flair des Pferdestübchens in Schwarbe erleben

> **7 /** Einen Blick von der Steilküste aufs Meer tief unten riskieren

> **8 /** Sich am Strand in die Wellen stürzen

> **9 /** An der Falladaaussicht das Panorama aufsaugen

> **10 /** Leuchtturm-Hopping am Kap Arkona

RÜGENS NORDPOL

Über die **Halbinsel Wittow** *zum* **Kap Arkona**

NaTour 18

TOUR, DIE DU SO NIE GEMACHT HÄTTEST

In der Saison pilgern Tag für Tag ganze Heerscharen von Ausflüglern zu den Leuchttürmen von Kap Arkona. Grund genug, diese als Tourenziel auszusparen? Besser nicht! Schließlich gelten sie als ein Wahrzeichen der Insel und gehören zu einem Rügenbesuch einfach dazu. Obendrein radeln wir durchs Windland Wittow und ein Stück an der hoch aufragenden Steilküste entlang.

37 Kilometer
30 Höhenmeter
3:15 Stunden
Rundtour

Auf den Sattel und los!

In Putgarten lassen wir gleich den Besucherandrang hinter uns und starten an der 1 / Bushaltestelle in der Dorfstraße. Hier wird auch das Ziel am Ende unserer Tour sein. Du nutzt nun den Varnkevitzer Weg rechts neben dem alten Feuerwehrhäuschen. Vom Ortsausgang folgen wir unserem Sträßchen in Richtung Mattchow. Über die Felder hinweg sind die Leuchttürme des berühmten Kaps gut zu sehen. Zu den Seezeichen passt auch die futuristische Konstruktion rechts des Weges: Eine Radarkuppel ragt aus einem militärischen Bereich auf. Wir sausen vorbei, radeln stets geradeaus und erreichen bei der Bushaltestelle Mattchow eine kleine Kreuzung mit

CHARAKTER
Sportlich ●●●○○
Abkühlung ●●●●●
Schlemmen ●●●●○
Panorama ●●●●●

◄ links / Nördlich von Kap Arkona kommt nur mehr das Meer: Peilturm vor dem Neuen Leuchtturm

TOUR, DIE DU SO NIE GEMACHT HÄTTEST

einer Vorfahrtstraße. Über diese geht es gerade hinweg. Endlose Felder dehnen sich bis zum Horizont, in das Säuseln des Windes mischen sich die jubilierenden Lerchen über unseren Köpfen. Keine schlechte Idee, hier einmal innezuhalten und das weite 360°-Panorama zu genießen! Wir passieren die wenigen Gehöfte von 2 / Nonnevitz und stoßen bei 3 / Gramtitz auf eine Vorfahrtstraße. Die Beschilderung weist uns den Weg nach Wiek geradeaus. Aber vielleicht magst du hier auch schon eine Rast im rustikalen Biergarten des wenige Meter entfernten Lokals Räuchereck (Mi–Mo 9–19 Uhr) einlegen? Fischgerichte sind die Spezialität des Hauses, die man entspannt im gemütlichen Garten genießen kann.

Ab an den Strand!

Beim nahen Pferdezentrum Balance kannst du vom Rad- auf den Pferdesattel umsteigen. Eine ganze Reihe unterschiedlicher Ausritte werden auf dem Gestüt angeboten – Boddenritte, Ausritte an den Ostseestrand oder an richtig heißen Tagen sogar Schwimmen mit Pferden. Unweit des Hofs erreichen wir das Örtchen Kuhle und eine Landstraße. Die Beschilderung leitet uns hier nach rechts in Richtung Dranske. Gleich bei Schreiber's Fischräucherei im kleinen 4 / Hafen Kuhle werfen wir einen Blick auf den Wieker Bodden. Und ein knurrender Magen lässt sich hier leicht mit einem leckeren Fischbrötchen besänftigen. Unser fahrbahnbegleitender Radweg führt nun stets an der Küstenlinie entlang. Dranske empfängt uns mit etwas überdimensionierten Neubauten aus DDR-Zeiten. Im Ort orientieren wir uns für einen Kurzabstecher zum Bootsanleger hin, wo sich zudem ein kleiner 5 / Strand erstreckt. Steht dir der Sinn nach einer kleinen Abkühlung? Auch ein Restaurant mit Boddenblick ist hier zu finden.

REITSATTEL STATT RADSATTEL
Wenn du einmal vom Rad- in den Reitsattel wechseln möchtest, ist das Pferdezentrum Balance die richtige Adresse. Verschiedene Ausritte werden hier angeboten.

▸ rechts groß / Im kleinen Hafen von Kuhle ▸ rechts klein / Pusteblume am Wegesrand

KM 1

Gleich zu Beginn der Tour haben wir sie im Blick: die Leuchttürme von Kap Arkona. Der kleinere der beiden Leuchtfeuer ist der 1826/27 errichtete Schinkelturm. Der Name nimmt Bezug auf den preußischen „Stararchitekten" Karl Friedrich Schinkel. Der mit 35 m fast 13 m höhere Neue Turm wurde 1905 in Betrieb genommen.

NATOUR

WEISS

Auf den Schiffen der Weißen Flotte und der Reederei Hiddensee kannst du einen Ausflug der besonderen Art unternehmen: Im Sommer wird ab 5 / Dranske die Insel Hiddensee angesteuert. Am gleichen Tag geht es auch zurück.

TOUR, DIE DU SO NIE GEMACHT HÄTTEST

Felder, soweit das Auge reicht

Zurück an der Durchgangsstraße folgen wir der Radwegbeschilderung in Richtung Lancken/Kap Arkona in die Schulstraße. Gleich an der Ecke zieht uns die stattliche Kuchenauswahl im liebevoll gestalteten Gartencafé Sahne (tgl. 14–19 Uhr, Karl-Liebknecht-Str. 6, 18556 Dranske, www.cafe-pension-sahne.de) magisch an – schwierig nur, sich zu entscheiden. Geradeaus radeln wir nun auf der Schulstraße, erst bei der Gartensparte schwenkt die Tour in Richtung Kap Arkona auf den Radweg rechts ein. Kurvenreich leitet uns das Asphaltsträßchen vorbei an Dranske Hof nach Lancken, wo wir am Weiser links einbiegen und der Gasse Zur Kreptitzer Heide folgen. Einen knappen Kilometer nach dem Ortsausgang hält sich die Route am Weiser rechts nach Kap Arkona/Bakenberg. An der bald erreichten Vorfahrtstraße geht es entsprechend der Beschilderung auf dem fahrbahnbegleitenden Radweg links weiter. Wir passieren das Feriendorf Rugana. Noch vor dem Waldrand schwenken wir rechts ein und radeln nun an einigen Campingplätzen vorüber. Schließlich biegt die Tour erneut rechts ab und

verläuft auf der schmalen Asphaltstraße bis zu der uns bereits bekannten Kreuzung in 2 / Nonnevitz. Hier halten wir uns links und folgen der bekannten Route für knapp 2 km. Dann orientieren wir uns beim Weiser in Richtung Kap Arkona/Varnkevitz nach links. Auf dem Weg nach Schwarbe kannst du im wunderbar rustikalen und mit viel Begeisterung geführten Pferdestübchen einkehren (Mo–Fr 16–21, Sa/So 12–21 Uhr, Mi geschlossen, Schwarbe Siedlung 1, 18556 Altenkirchen, www.wild-birdie.com) – es lohnt sich!

Wittows Steilküste

Nur wenige Pedaltritte führen uns nun nach 6 / Schwarbe. Wir rollen geradewegs durchs Dorf und biegen dann nach dem Ortsausgang auf die kleine Landstraße nach links. Auch die kleine Siedlung Varnkevitz passieren wir auf der Durchgangsstraße, die uns direkt bis zur 7 / Wittower Steilküste bringt. An dieser geht es rechts entlang. Immer wieder gibt der Küstenbewuchs Blicke aufs blaue Meer tief unter uns frei – wir passieren viele wunderbare Orte zum Verweilen und Seele-baumeln-Lassen. Häufig zeigen hier Uferschwalben, die in den steilen Wänden nisten, ihre Flugkünste. Ein ganz besonderes Highlight bietet sich dir bei einem schönen 8 / Rastplatz mit Schutz-

ROBBEN

Hin und wieder lassen sich am 8 / Strand beim Rastplatz Kegelrobben sichten. Dann gilt es, einen Abstand von 100 m einzuhalten, sie nicht zu füttern oder zu streicheln und den Fluchtweg nicht zu versperren..

◂ links / Wittower Steilküste mit Blick auf den Peilturm am Kap Arkona
▴ oben / Gelb blüht der Raps

NaTour

hütte. Treppen führen hier hinab an den weißen Sandstrand – mit etwas Glück können sogar Robben gesichtet werden. Kegelrobben sind das größte in Deutschland freilebend vorkommende Raubtier. Respektabstand ist daher angesagt. Erst einmal lassen wir uns in den weichen Sand fallen, bevor wir die Tour fortsetzen. Was gibt es schöneres als ein Bad fast am Ende der Tour? Auf dem weiteren Weg sind bereits die Leuchttürme von Kap Arkona auszumachen. Und wenn du denkst, dass es schöner nicht werden kann, stehst du plötzlich auf der 9 / Falladaaussicht. Was für ein Blick! Wir sind mindestens so begeistert wie der Schriftsteller Hans Fallada, der vor allem zu Beginn der 1920er Jahre häufig auf Wittow zu Gast war.

URLAUBSLEKTÜRE
Der Schriftsteller Hans Fallada war häufig zu Gast in Gudderitz auf Wittow. Hier ist auch die Handlung seines Romans „Wir hatten mal ein Kind" angesiedelt.

Der hohe Norden Rügens

Weitere Strandabgänge und Aussichtspunkte säumen unsere Route, bis wir plötzlich vor dem bekanntesten Fotomotiv der Insel Rügen zum Halten kommen: Einträchtig stehen der Leuchtturm Schinkels und der größere Neue Turm am 10 / Kap Arkona – Rügens nördlichstem Punkt – nebeneinander. Beide Bauwerke können bestiegen werden, auch eine Ausstellung hat hier ihre Pfor-

TOUR, DIE DU SO NIE GEMACHT HÄTTEST

KM 34

Die Jaromarsburg auf 10 / Kap Arkona war einst deutlich größer. In den vergangenen Jahrhunderten stürzten immer wieder Teile des Steilufers ins Wasser – und mit ihnen auch Stück für Stück die Tempelburg. So ist heute wohl nur noch ein Drittel der ursprünglichen Anlage erhalten geblieben.

ten geöffnet. 108 Stufen sind es auf das Leuchtfeuer Kap Arkona, einem voll funktionstüchtigen Leuchtturm, von dem du bei gutem Wetter bis Dänemark siehst. Danach orientierst du dich zum etwas entfernten Peilturm hin, dem dritten im Bunde. Seine voll verglaste Kuppel bietet ebenfalls einen eindrucksvollen Blick über Kap und Ostsee – und bei Schlechtwetter Schutz vor Wind und Regen. An seinem Fuß radeln wir in Richtung Vitt weiter, wobei der Radweg am Fuß des Walls der berühmten Jaromarsburg entlangführt. Das slawische Volk der Ranen errichtete sie zwischen dem 6. und 8. Jahrhundert als Tempelburg für ihren Hauptgott Svantevit. Erobert und zerstört wurde sie 1168 durch die Dänen. Vorbei an grandiosen Aussichtspunkten folgen wir bald dem Weiser in Richtung Vitt Kapelle, wenden uns dann am nahen Sträßchen nach rechts und gelangen so zurück nach 1 / Putgarten und zur Bushaltestelle.

TOURENINFO / Der größte Teil der Tour verläuft auf Radwegen und kleineren Straßen. Am aussichtsreichen Steilufer sind wir auf teils unbefestigten Wegen unterwegs. Badesachen einpacken!

◂ **links /** Im Naturschutzgebiet nahe Kap Arkona ▴ **oben /** Reetgedeckte Häuser in Putgarten

START / ZIEL
Bushaltestelle Putgarten

HINKOMMEN
Auto / Parkplatz am Ortseingang
ÖPNV / Die Buslinie 14 fährt Putgarten an
> **1 /** Bushaltestelle > **2 /** Nonnevitz > **3 /** Räuchereck Gramtitz > **4 /** Hafen Kuhle > **5 /** Dranske > **6 /** Schwarbe > **7 /** Steilküste > **8 /** Rastplatz und Strand > **9 /** Falladaaussicht > **10 /** Kap Arkona

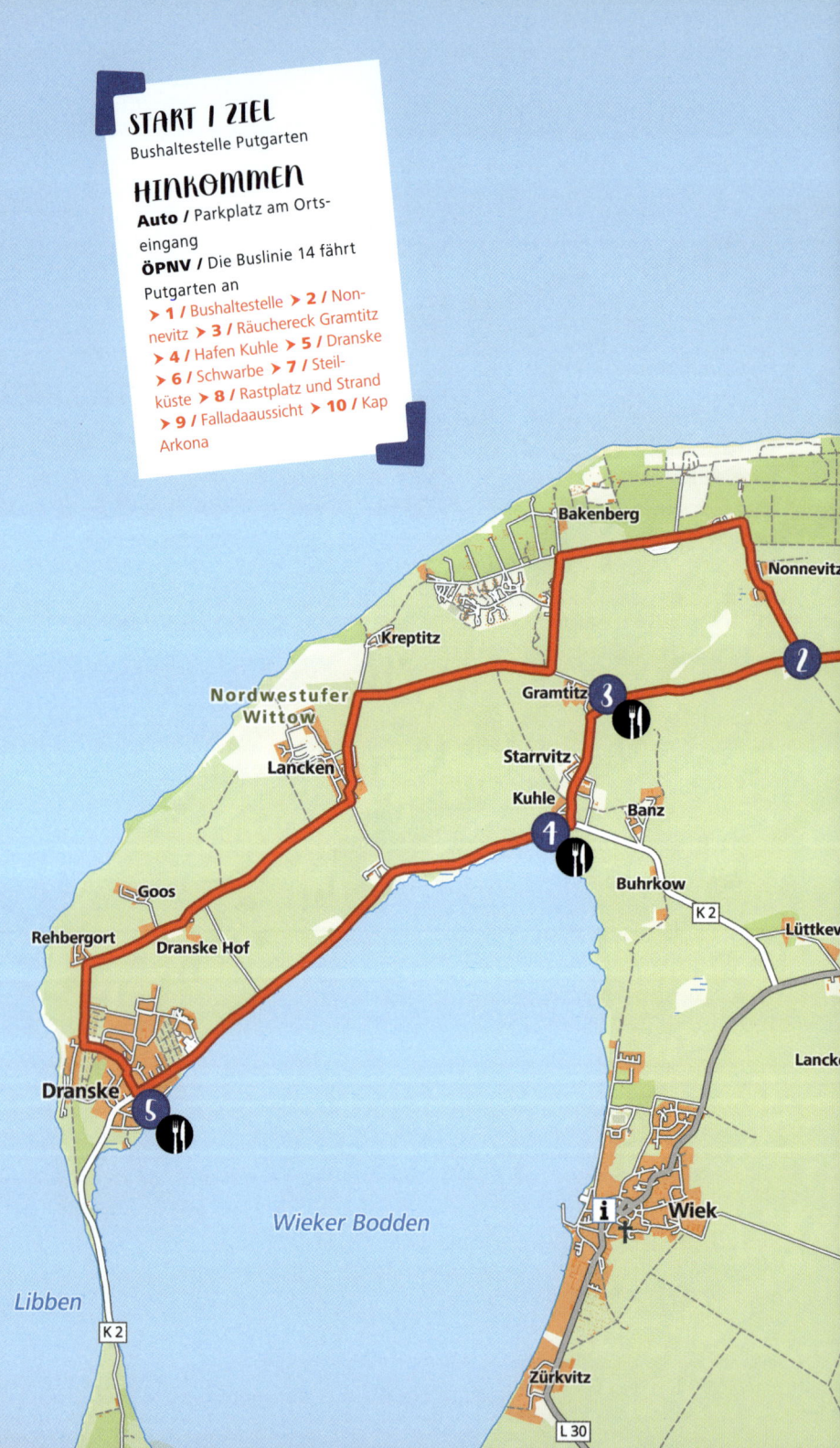

RADELRPARADIES OSTSEEKÜSTE
Ob alleine, zu zweit oder in der Gruppe – selten ist radeln schöner als an der Ostsee, wo der Blick weit wird und das Meer lockt

WOCHENEND-BIKEAWAYS

MINI-URLAUBS-TOUREN MIT ÜBERNACHTUNG

19 / RÜGENER INNENANSICHTEN
Radeln im Hinterland der Küste
➤ 2 Tage / 4:30 + 5:45 Stunden // Seite 179

20 / IM HOHEN NORDEN
Rund um den Jasmunder Bodden
➤ 2 Tage / 4:30 + 4:45 Stunden // Seite 193

TOUR, DIE DU SO NIE GEMACHT HÄTTEST
21 / UMS HALBE HAFF
Von Ueckermünde auf die Sonneninsel Usedom
➤ 2 Tage / 3:30 + 4:30 Stunden // Seite 207

21 ½ / WO MAJESTÄT ZU BADEN GERUHTE
Zu den drei Kaiserbädern Ahlbeck, Heringsdorf und Bansin
➤ 2 Tage / 1:45 Stunden // Seite 218

SHOPPING MAL ANDERS

Bin ich auf der Suche nach ausgefallenen Mitbringseln, ist der Tüdelschapp in Woorke die perfekte Wahl.

> **1 /** Bei der Tourist-Info in Putbus beginnt und endet die Rundtour

> **2 /** Wandeln auf den Spuren von Ernst Moritz Arndt in Garz

> **3 /** Pausieren im Park von Groß Schoritz

> **4 /** Ein Kaffee im Naturhafen Puddemin?

> **5 /** Biergarten mit Premiumaussicht an der Grahlerfähre

> **6 /** Das Stralsund-Panorama im Hafen Altefähr genießen

> **7 /** Ruhe tanken am Rastplatz Sundblick

> **8 /** Nach Büchern stöbern in der Lesebox in Rambin

> **9 /** Idyllisch, idyllischer, Landow

> **10 /** Eintauchen ins Gingster Markttreiben

> **11 /** Reise in die Bronzezeit in den Woorker Bergen

> **12 /** Urbanes Flair am Markt in Bergen

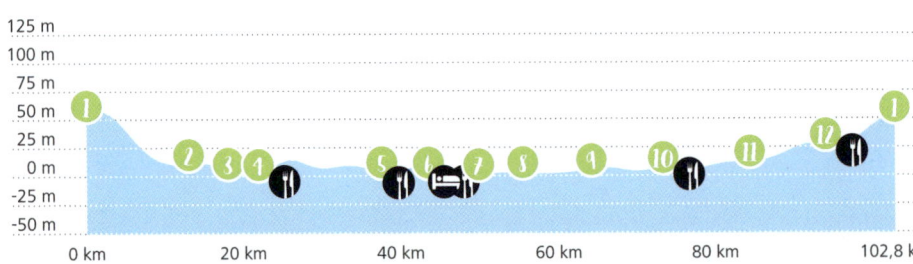

RÜGENER INNEN-ANSICHTEN

Radeln im Hinterland der Küste

Kleine Dörfchen, einsame Landsträßchen, Baumalleen und wogende Getreidefelder – im Hinterland der Küste und jenseits des Trubels der Ostseebäder zeigt Rügen ein anderes Gesicht. An Highlights mangelt es trotzdem nicht: Der Blick auf die Skyline von Stralsund von Altefähr gehört genauso dazu wie die ländliche Idylle bei Landow, der malerische Markt von Gingst oder die bronzezeitlichen Hügelgräber in den Woorker Bergen.

Tag 1 + Tag 2
43 + 60 Kilometer
28 + 69 Höhenmeter
4:30 + 5:45 Stunden
Rundtour

Tag 1
Durch Wald, Wiesen & Felder

An der Touristinformation in 1 / Putbus, wo auch Tour 3 endet (s. S. 25), steigen wir aufs Rad, folgen der Alleestraße in Richtung Markt und biegen gleich entsprechend der Radwegbeschilderung Garz/Bergen auf diesen Weg ein. Von hier radeln wir auf der August-Bebel-Straße aus der Stadt heraus. Direkt am Ortsausgangsschild hältst du dich links in Richtung Garz und folgst nun dem Ostseeküstenradweg, der dich während eines großen Teils der Tour leitet. Unser befestigter Weg führt durch Feld und Flur, erreicht Güstelitz und verläuft nun als Pfad neben

CHARAKTER
Sportlich ●●●●○
Abkühlung ●●○○○
Schlemmen ●●●○○
Panorama ●●●●○

◂ links / Der Weg ist das Ziel

der Straße. Schließlich queren wir diese am Weiser gerade und tauchen nun in dichten und schattigen Wald ein. Nach einiger Zeit passieren wir die Industriebrache eines Ziegeleiwerkes bei Ketelshagen. Auf dem nächsten Tourabschnitt solltest du die Markierung etwas im Auge behalten. Kleine Wälder, lichte Wiesen und wogende Getreidefelder begleiten uns. Die Route verläuft auf dem befestigten Weg stets geradeaus, abzweigende Rad- und Wanderwege werden ignoriert. Erst kurz vor Garz bekommen wir wieder Asphalt unter die Reifen, aber Vorsicht: Sofort (nach 15 m) schwenkst du spärlich markiert links auf einen Pfad ein. Dieser führt die Tour hinein nach Garz, wo sie nur kurz der Durchgangsstraße folgt. Gleich biegt die Route rechts in die Bregener Straße und sofort links auf einen Weg ein, der sie um das Städtchen herum führt. Nahe des Ortsausgangsschildes queren wir die Straße, folgen dem Weg gegenüber und lassen uns nach wenigen Pedaltritten links leiten.

Rügens ältestes Museum

Am Waldrand hält sich die Tour dann rechts in Richtung Groß Schoritz. Allerdings kannst du von hier auch einen Abstecher zum 2 / Garzer Ernst-Moritz-Arndt-Museum unternehmen. Dafür radelst du über die Poggenstraße ins Sträßchen An den Anlagen. Das älteste Museum Rügens (Mai–Okt. Di–Sa 10–16 Uhr, An den Anlagen 1, 18574 Garz) zeigt eine spannende Ausstellung über den nicht unumstrittenen Schriftsteller und Universitätsprofessor, der 1769 in Groß Schoritz geborenen wurde. Mit Schriften und Liedern gegen Napoleon war er ein demokratischer Vordenker, gleichzeitg finden sich nationale und antisemitische Töne in seinen Werken. Neben wechselnden Austellungen zu Werk und Wirken des streitbaren Publizisten wird auch über Geschichte und Alltagskultur der Stadt Garz und der Insel Rügen informiert.

ERNST MORITZ ARNDT
Vor Arndts Geburt kaufte sich sein Vater aus der Leibeigenschaft frei und ermöglichte seinem Sohn eine höhere Bildung. Dieser beschäftigte sich in seinen Studien mit der Leibeigenschaft in Pommern und war ein vehemter Gegner von Fremdherrschaft.

› rechts groß / Der Schlossteich im Park von Putbus › rechts klein / Ernst-Moritz Arndt-Museum

KM 1

Aus der Taufe gehoben wurde 1 / Putbus, die weiße Stadt, durch Fürst Wilhelm Malte I. zu Beginn des 19. Jahrhunderts. Der fürstliche Bauherr schuf damit ein Kleinod klassizistischer Baukunst mit einem Hauch von italienischem Flair. Wunderbar flanieren lässt es sich im Schlosspark mit Orangerie, Marstall und Pergola.

ORNITHOLOGEN-PARADIES

Die reich gegliederte Bucht der Schoritzer Wiek gilt als Mekka für Ornithologen. Sandregenpfeifer, Austernfischer, Mittelsäger und selbst Seeadler sind häufig zu sichten.

VÖGLEIN FLIEG IM WIEK

Park mit Aussicht

Zurück beim Weiser am Waldrand solltest du nun etwas auf die leider nur spärliche Kennzeichnung achten: Wir bleiben am Waldrand, halten uns an einer unmarkierten Gabelung rechts und radeln bald am Ufer des Garzer Sees entlang. Die Route quert nun die Straße schräg nach rechts versetzt und lässt sich von der Beschilderung durch die weiten Felder führen. Auf Asphalt gelangt die Tour schließlich nach Dumsevitz, wo sie gleich beim Ortseingang rechts in Richtung Schabernack einbiegt. Die Weiser leiten uns nun zumeist auf Betonsträßchen nach 3 / Groß Schoritz, wo das Geburtshaus von Ernst Moritz Arndt das Zentrum des Ortes markiert. Im kleinen und etwas verwilderten Park neben dem alten Gutshaus lässt es sich herrlich rasten. Die Anlage grenzt an die Schoritzer Wiek, einer kleinen Nebenbucht des Rügischen Boddens. Am Weiser radelst du geradeaus in Richtung Glewitzer Fähre/Altefähr weiter. Wir queren eine Landstraße, ignorieren den abzweigenden Radweg zur Glewitzer Fähre und schwenken in Puddemin sofort links in den Radweg ein. Die nächsten Kilometer

lässt du dich von der Destination Altefähr leiten. Im malerischen 4 / Hafen von Puddemin kannst du wunderbar beim leisen Plätschern der Wellen die Beine ausstrecken. Auch ein Hafenrestaurant (Mi–So 12–20:30 Uhr, Hafen 1, 18574 Puddemin) hat in der Idylle seine Pforten geöffnet. Auf der Terrasse mit Hafenblick kannst du es dir richtig gutgehen lassen.

Chillen am Strelasund
Ein etwas versteckter Weiser leitet uns nach wenigen Metern auf einen schmalen Radweg, der Neparmitz nur tangiert und dann fahrbahnbegleitend nach Poseritz führt, dessen hoch aufragender Kirchturm weithin sichtbar ist. Kurz nach dem Ortseingang quert die Tour die Straße und orientiert sich links zum Radweg nach Altefähr hin. Feldraingewächse begleiten uns durch die wogenden Getreidefelder. Ein kleines Sträßchen bringt uns schließlich nach Venzvitz, wo du dich bei der Bushaltestelle scharf rechts hältst. Im Frühjahr geben dir leuchtend gelbe Rapsfelder das Geleit zum ersten Haus von Sissow. Hier schwenkst du links. Auf glattem Asphalt surren die Reifen durch eindrucksvolle Kastanienalleen. Bänke laden hier und da zum Innehalten ein. In Gustow queren

◀ links / Getreidefelder bei Groß Schoritz ▲ oben / Hafen von Puddemin

BEEINDRUCKENDE BRÜCKE

Vom Gasthof Grahlerfähre ist die 4105 m lange Rügenbrücke gut sichtbar. Für die längste Brücke Deutschlands wurden mehr als 22000 t Stahl und 180000 t Beton verbaut. Die Pylone kommen auf die stattliche Höhe von 127,75 m.

wir genauso die Straße wie in Nesebanz. Aussichtsreich radeln wir durch weite Wiesen, Bussarde ziehen majestätisch ihre Kreise über uns. Recht abrupt endet das Asphaltvergnügen, ein Feldweg leitet die Route nun zur Straße und an dieser entlang. Bald wird sie überquert und wir radeln hinab zum Strelasund, der Rügen vom nahen Festland trennt. Hier – in traumhafter Lage und mit Blick auf die mehr als 4 km lange Rügenbrücke und die Skyline von Stralsund – solltest du dir eine Rast im urigen Gasthof Grahlerfähre (Do/Fr 12–20 Uhr, Grahlerfähre 1, 18573 Altefähr) nicht entgehen lassen. Auf etwas holprigem Untergrund erreichen wir später die Ampel an der Auffahrt zum Rügendamm. Diese überqueren wir und lassen uns dann von der Beschilderung nach 6 / Altefähr, unserem heutigen Etappenziel, leiten. Am schönsten kannst du die Tour im Hafen ausklingen lassen – schon der Blick auf Stralsund auf der gegenüberliegenden Seite des Strelasundes ist

⌃ oben / Blick von Altefähr auf Stralsund   ❯ rechts / Bücherstuv in Rambin überwältigend. Zudem wird man hier kulinarisch vor die Wahl gestellt: Lieber ein Eis im Laden "Eis und heiß" oder doch ein Fischbrötchen aus der Fischbox? Für heute ist jedenfalls nur noch Entspannen angesagt.

Tag 2
Gingster Markttreiben

Wir steigen wieder aufs Rad und lassen Altefähr hinter uns, indem wir in Richtung Rambin/Bessin auf dem Barnkevitzer Weg aus dem Ort hinausfahren. Direkt hinter dem Ortsausgangsschild schwenken wir auf den Radweg nach links ein. Für den etwas ruppigen Asphaltbelag, der gut eine Sanierung vertragen könnte, entschädigt uns die tolle Aussicht über den Bodden und zurück auf die alte Hansemetropole Stralsund. Du kommst gleich am schön gelegenen 7 / Rastplatz Sundblick vorüber und radelst geradewegs auf einem Feldweg entlang der Küste weiter. Schließlich verläuft die Route ins Landesinnere. Bald ist 8 / Rambin erreicht, wo uns bei der Kirche ein schöner Radlerrastplatz erwartet. Damit bei einer Pause keine Langeweile aufkommt, wurde hier eigens in einer alten Telefonzelle eine Schmökerstuv eingerichtet. Stöbern ist hier erwünscht und lohnend! Nun orientierst du dich an der Beschilderung

KM 42

Der Strelasund vor dem 6 / Hafen von Altefähr trennt Rügen vom Festland. Für ein vorpommersches Küstengewässer ist er mit mehr als 10 m ungewöhnlich tief. Wegen seiner strategischen Bedeutung wurden hier zahlreiche Seeschlachten ausgetragen, so zum Beispiel im 14. Jahrhundert zwischen der Hanse und dem dänischen Königshaus.

MUSIKSOMMER

9 / Kirche
Die 1313 errichtete Landow gilt als ältester bekannter Fachwerkkirchenbau Norddeutschlands. Sie ist stimmungsvoller Rahmen des Landower Musiksommers.

Gingst. Das recht engmaschige Weisernetz leitet uns aus Rambin heraus. Auf gutem Untergrund und meist kleinen Sträßchen radeln wir durch einige Siedlungen. 1,5 km nach dem Gehöft Neuendorfer Kate biegen wir an einer Straßenkreuzung beschildert links ein. Am Waldrand schwenkt die Route gleich rechts auf einen Feldweg und führt nun direkt an der Grenze des Nationalparks Vorpommersche Boddenlandschaft entlang. In 9 / Landow empfängt dich ländliche Idylle pur. Unbedingt solltest du hier einen Blick auf (und in) die uralte Kirche des winzigen Ortes werfen. Die Wiese vor dem charmanten Bauwerk ist zudem ein wunderbarer Platz für eine Rast. Am Weiser verläuft die Tour dann weiter in Richtung Gingst und vorbei an der blitzenden Wasserfläche der Landower Wedde. In Unrow geht es links in Richtung Groß Kubitz weiter. Der Straßenverlauf führt uns über Lüssvitz nach Groß Kubitz. Den Weisern folgend gelangen wir nach 10 / Gingst (auch Start von Tour 5, s. S. 41). Der hiesige Markt ist einer der schönsten auf Rügen: Ob Bio- oder Buchladen, Galerie, Restaurant oder Café – für jeden ist im Schatten der alles überragenden St.-Jacob-Kirche etwas dabei. Ein idealer Ort zum Verweilen also. Die Welt im Kleinen gibt es in

MARKTFREUDEN

der Miniaturenwelt Rügenpark zu bestaunen (in der Hauptsaison tgl. 10–18 Uhr, saisonale Öffnungszeiten s. Homepage, Mühlenstraße 2 b, 18569 Gingst, www.ruegenpark.de).

Hügelhopping in den Woorker Bergen

Entsprechend der Beschilderung Trent folgen wir kurz der Hauptstraße, biegen gleich vor der Rechtskurve am Weiser auf ein Fahrradsträßchen ein. Dieses führt uns zu einer großen Landstraße, die wir in Richtung Bergen, unserem nächsten Zwischenziel, queren. Nur wenige Meter weiter, gleich hinter dem Ortseingang von Silenz, hält sich die Route rechts. Durch einen Windpark inmitten der Felder erreichen wir Gagern. Die Beschilderung führt uns durch diese und weitere Siedlungen. In Woorke schließlich halten wir uns an der Gabelung beim Ortseingang etwas undeutlich markiert links. Gleich kommst du hier am Tüdel Schapp vorbei, der im Sommer an samstäglichen Nachmittagen seine Pforten öffnet. Wenn du auf der Suche nach ausgefallenen Mitbringseln bist, wirst du hier ganz bestimmt fündig. Du bleibst auf dem Betonplattenweg und gelangst kurz nach dem Ortsausgang zu den 11 / Woorker Bergen. Unter den 13 heute baumbestandenen Hügeln verbergen sich bronzezeitliche

13

Die 11 / Woorker Berge bestehen aus einer imposanten Gruppe von 13 bis zu 6 m hohen bronzezeitlichen Hügelgräbern. Ein ausgehöhlter Eichenstamm diente damals als Sarg, der komplett überhügelt wurde. Insgesamt sind heute 560 solcher Gräber auf Rügen bekannt.

◄ links / Unser steter Begleiter ▲ oben / Ländliche Idylle bei Landow

KM 94

Mit seinen 14.000 Einwohnern gilt 12 / Bergen heute als Inselhauptstadt Rügens. Gegründet wurde die Kommune bereits im 13. Jahrhundert. Die Innenstadt mit ihren Bürgerhäusern im Fachwerkstil besticht mit nordischem Charme und einer ganzen Reihe von Sehenswürdigkeiten.

Gräber. Du stehst hier vor dem größten zusammenhängenden Hügelgräberfeld Norddeutschlands. Mächtige Eichen spenden Schatten für einen wunderbaren Rastplatz an diesem magischen Ort. In Patzig bekommen wir endlich wieder Asphalt unter die Räder, radeln durch den Ort und halten uns an der Vorfahrtstraße rechts. Der Straßenverlauf bringt uns nach Thesenvitz, wo die Route links in das Sträßchen nach Dramvitz biegt. Wir erreichen die winzige Siedlung und verlassen den Plattenweg erst am Weiser nach Bergen, der uns am Ufer des Nonnensees entlangleitet. Der Blick vom hiesigen Aussichtsturm ist phänomenal! Bald wird ein Graben überbrückt. Ein Stück geht es an der B 96 entlang, ehe wir die Bundesstraße an der Ampelkreuzung überqueren. Die Tour folgt der Gingster Chaussee und nutzt die weit ausholende Bahnunterführung. An der Bahnhofstraße schwenkst du links und radelst zum 12 / Markt von Bergen, wo Tour 20 startet (s. S. 193). Hier folgst du der kleinen Gasse neben der Post zur Kirche und lässt dich von der Radwegbeschilderung in Richtung Putbus/Bergen-Süd auf der Billroth-Straße ortsauswärts leiten. Gleich nach der Querung der B 196 biegst du rechts in die Straße der DSF in Richtung Putbus ein. Nach etwa 250 m hältst du dich links in die Straße der DSF 37-62, schwenkst vor der Gartensparte links und hältst dich 80 m weiter rechts. Die Route führt bald durch Neklade, passiert hier einen landwirtschaftlichen Betrieb und überquert später die Bahngleise. Ein Stück radeln wir nun auf einem etwas holprigen Waldweg, bis uns endlich ein Plattenweg zurück nach 1 / Putbus bringt. Eine gemütliche Rast im idyllischen Schlosspark der ehemaligen Residenzstadt hast du dir nun redlich verdient!

PUTBUS FESTSPIELE

Alljährlich finden von Himmelfahrt bis Pfingsten die Putbuser Festspiele statt: Junge Künstler präsentieren klassische Musik vom Feinsten!

TOURENINFO / Die Tour verläuft auf Rad- und Waldwegen sowie kleineren Straßen. Hier und da radeln wir kurz auch auf unbefestigten Wegen.

◂ links groß / Die Woorker Berge – bronzezeitliche Hügelgräber
◂ links klein / Rathaus in Bergen

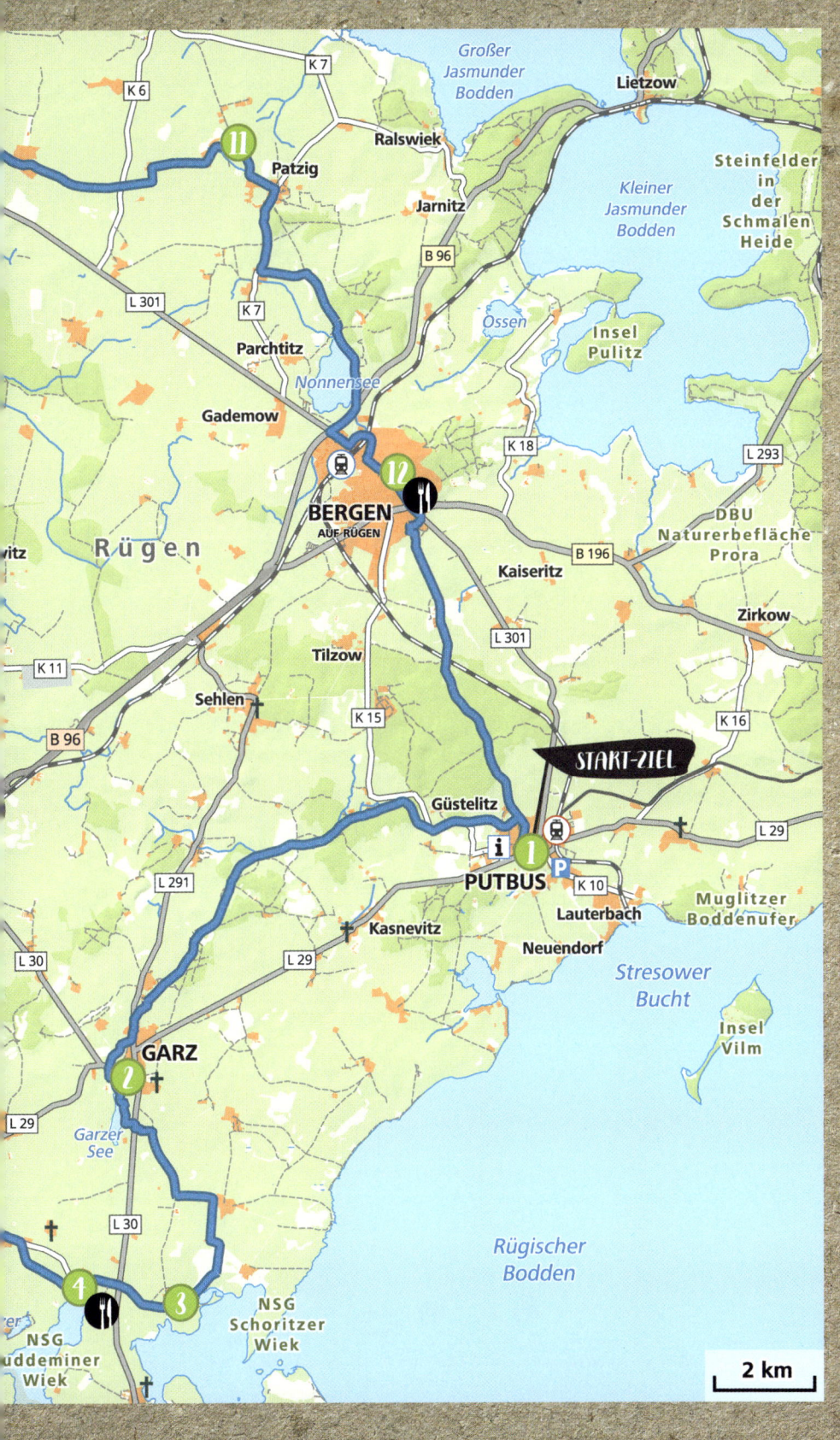

HIDDENSEE!

Die vielleicht schönste Anreise nach Hiddensee führt mit der Fähre von Wiek durch den Wieker Bodden und den Rassower Strom. Am Abend geht es dann zurück.

- **1 /** Am Markt in Bergen beginnt und endet unsere Rundtour
- **2 /** Am Flughafen Rügen zum Rundflug über die Insel starten
- **3 /** Den Innenraum der Kirche Landow einige Augenblicke auf sich wirken lassen
- **4 /** Stöbern in den Kunstläden am Markt von Gingst
- **5 /** Auf der Wittower Fähre die Nase in den Wind halten
- **6 /** Den Sonnenuntergang im Hafen von Wiek genießen
- **7 /** Uralte Inschriften bei der Kirche Altenkirchen entziffern
- **8 /** Muscheln suchen am Strand Juliusruh
- **9 /** Am Hafen Glowe nach Kap Arkona Ausschau halten
- **10 /** Pausieren bei der Schutzhütte am Spykerschen See
- **11 /** Durch denn Park von Schloss Spyker spazieren

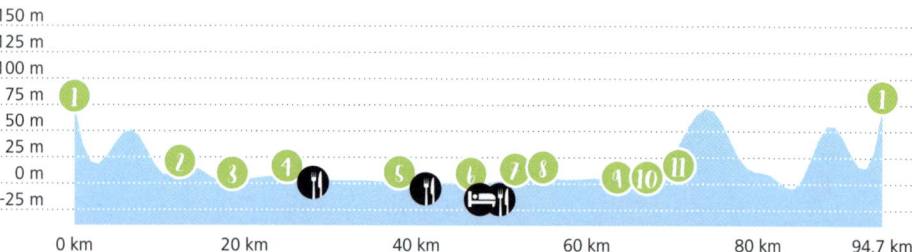

IM HOHEN NORDEN

Rund um den
Jasmunder Bodden

Von Bergen machen wir uns an die Umrundung des Jasmunder Boddens. Ob wildromantische Idylle am Nationalpark Vorpommersche Boddenlandschaft, Stöbern in den Kunstläden am Gingster Markt, ein Sundowner im pittoresken Hafen von Wiek oder der Sandstrand von Juliusruh – bei dieser Tour kommt jeder auf seine Kosten! Übernachtet wird in Wiek auf dem Windland Wittow.

Tag **1** + Tag **2**
46 + **48** Kilometer
30 + **162** Höhenmeter
4:30 + **4:45** Stunden
Rundtour

Tag 1
Los geht´s

Vom 1 / Markt in Bergen, wo auch Tour 19 vorbeikommt (s. S. 189), folgen wir der kleinen Gasse neben der Post zur Kirche und lassen uns von der Radwegbeschilderung in Richtung Putbus/Bergen-Süd auf der Billroth-Straße ortsauswärts leiten. Gleich nach der Querung der B 196 biegst du rechts in die Straße der DSF („Putbus") ein. Wir radeln zunächst geradeaus, nun in Richtung Sehlen. Entsprechend der Beschilderung schwenken wir an der Vorfahrtstraße links und folgen dem Tilzower Weg aus Bergen heraus. Nach circa 3,5 km hält sich die

CHARAKTER
Sportlich ●●●●●
Abkühlung ●●●●○
Schlemmen ●●●○○
Panorama ●●●●○

◂ links / Radweg auf Wittow

Route rechts auf das Landsträßchen Richtung Sehlen. Beiderseits des Weges erstrecken sich nun ausgedehnte Felder und Wälder. Nach dem recht verkehrsreichen Bergen tut es gut, den Blick schweifen lassen zu können. In Sehlen geht es geradewegs in Richtung Teschenhagen weiter. Dort querst du zunächst die Bahnlinie, überbrückst dann die B 96 und folgst den Weisern nach Güttin. Bald wird der 2 / Flughafen Rügen passiert. Vielleicht hast du ja Lust, aus der Vogelperspektive einen Blick auf Rügen zu werfen? Kein Problem: Entsprechende Rundflüge sind hier buchbar. Im nahen Güttin orientiert sich die Tour dann rechts auf das Nebensträßchen in Richtung Dreschvitz, wo du bei den ersten Häusern links nach Landow schwenkst.

HOCH HINAUS!
Grüne Wiesen und Wälder, goldene Felder, ringsum das tiefblaue Meer – genießen kann man Rügen aus der Vogelperspektive bei einem Rundflug vom 2 / Flughafen Rügen aus.

Ländliche Idylle
Wir lassen Dreschvitz hinter uns, überqueren die große Landstraße und lassen uns von der Beschilderung durch idyllische Weidelandschaft und entlang der Grenze des Nationalparks Vorpommersche Boddenlandschaft nach Landow leiten. Der Park ist mit knapp 800 km² Fläche der drittgrößte Deutschlands. Wirf in Landow unbedingt einen Blick in den Innenraum der grandiosen 3 / Backsteinkirche, denn dieser ist besonders stimmungsvoll. Nahe des Baus hältst du dich rechts und lässt dich vom Weiser Richtung Gingst leiten. Dabei radelst du vorbei an der tiefblauen Wasserfläche der Landower Wedde nach Unrow. Mit etwas Glück lassen sich auf dem Gewässer jede Menge Vögel entdecken, lege hier also ruhig einen kurzen Beobachtungsstopp ein. In Unrow geht es auf einem holprigen Feldweg geradewegs weiter nach Gingst. Stets geradeaus (!) erreichen wir 4 / Gingst, das mit einem ausgesprochen pittoresken Marktplatz punkten kann. Hier startet auch Tour 5 (s. S. 1) und Tour 19 läuft ein Stück parallel (s. S. 186). Zu

> rechts groß / Beim Nationalpark Vorpommersche Boddenlandschaft
> rechts klein / Vorsicht – kreuzender Fischotter

KM 19

Bei 3 / Landow verläuft die Tour entlang des Nationalparks Vorpommersche Boddenlandschaft. Dieser umfasst vor allem Wasserflächen von Ostsee, Wattarealen und Lagunen. Nur 17 % des Parks liegen auf dem Trockenen. In die Tagesschau schafft es das Gebiet im Herbst, wenn mehr als 60.000 Kraniche hier eine Rast einlegen.

AUGEN AUF!
Auf der Landower Wedde können zumeist zahlreiche Wasservögel gesichtet werden. Und hoch über der Szenerie ziehen manchmal Adler ihre Kreise!

VOM SÜHNE- ZUM GRABSTEIN

Füßen der mächtigen Backsteinkirche St. Jacob werden in kleinen Läden Kunst und Keramik, Bücher und Bioprodukte angeboten. Cafés und Restaurants laden dich zur verdienten Rast ein. Ein kurzer Spaziergang führt hinter die Kirche, wo der Grabstein der Familie von der Osten aus dem Jahre 1718 auffällt. Bereits 150 Jahre zuvor war dieser allerdings als Sühnestein für einen Mord gefertigt worden: Der hiesige Pfarrer war einem Verbrechen zum Opfer gefallen – vermutlich sogar auf diesem Friedhof. Den Sühnestein arbeitete man dann im 18. Jahrhundert zur Grabstele um.

Über den Rassower Strom

Die Weiser nach Trent leiten uns aus Gingst heraus und auf eine durch wogende Getreidefelder führende Radstraße. Linker Hand blitzt die Wasserfläche des Koselower Sees, der hier die Insel Ummanz von Rügen trennt. Die Route gelangt endlich zu einer größeren Landstraße und schwenkt auf diese entsprechend der

Beschilderung nach Trent links ein. Achtung: Hier ist Vorsicht geboten, denn auf der Straße herrscht für 5 km bis Trent starker Verkehr!! In Trent halten wir uns noch vor dem Ortskern rechts und wenige Meter weiter beim Ortsausgangsschild links. Hier wird die Destination Wittower Fähre ausgewiesen. Der Radweg führt nun bis zur 5 / Wittower Fähre, mit der du den Rassower Strom überquerst – ein tolles Erlebnis! Nur schade, dass die Überfahrt so kurz ist. Schon im Mittelalter setzte man an dieser nur 350 m breiten Engstelle mit Booten über. Einen regelmäßigen Fährverkehr gibt es aber erst seit 1896. An der Nordseite lockt die Terrasse des Restaurants Zur Wittower Fähre (Do–Di 12–21 Uhr, www.pension-wittow.de). Warum nicht hier eine Pause mit Blick auf den Bodden einlegen und die (hoffentlich scheinende) Sonne genießen?

Am Meeresufer bis Wiek
Später geht es links entlang des Ufers in Richtung Wiek weiter. Grandios aussichtsreich radelst du nun an der Uferlinie des Wieker Boddens entlang. Der einsame Abschnitt lädt dazu ein, den Blick über die bei Windstille spiegelglatte Wasserfläche schweifen zu lassen. Gänse, Schwäne und Möwen sind hier oft deine einzige

MINI

Von Gingst nach Sydney? Kein Problem – zumindest nicht im Rügenpark in 4 / Gingst! Zahlreiche Miniaturen berühmter Bauwerke sind hier versammelt. Zudem gibt´s Schiffschaukeln, Loopings, eine Seilbahn – die kleinen Radler wird es freuen. Ach ja, einen Streichelzoo gibt´s auch.

◂ links / Am Bodden entlang ▴ oben / Anleger der Wittower Fähre

Begleitung. Schließlich wird eine Straße erreicht, an der wir uns links in Richtung Wiek wenden. In Wiek, unserem heutigen Etappenziel, biegt die Route an der Kirche in die Bahnhofstraße ein, wo wir gleich zum 6 / Hafen gelangen. Hier steigt dir der Duft von gebratenem Fisch in die Nase und führt dich zum Bistro Fischkopp (Am Hafen 8, 18556 Wiek), das sich großer Beliebtheit erfreut. Mit Blick auf die schaukelnden Schiffe kann man den Tag gut ausklingen lassen. Wer mehr als zwei Tage Zeit hat, kann von Wiek aus einen Tagesausflug nach Hiddensee einlegen.

ARKONA
Für E-Biker dürfte der Abstecher von 7 / Altenkirchen zu den Leuchttürmen von Kap Arkona verlockend sein – hin und zurück beläuft sich die Strecke auf etwa 18 km.

Tag 2
Durch das Windland Wittow

Am nächsten Tag steigen wir wieder am Hafen in den Sattel. Von dort folgen wir dem Sträßchen nach rechts – der Weiser gibt die Destination Altenkirchen vor. Du radelst entlang der Boddenküste und verlässt den Ort bei Haus Nr. 32 und

⌃ oben / Auf Wittow   ❯ rechts / Der Friedhof von Altenkirchen einer Wendeschleife. 100 m weiter wählst du an einer unmarkierten Radweggabelung die rechte Variante. Bald überqueren wir eine Straße gerade und radeln nun auf dem Radweg neben der Straße nach Altenkirchen. Die Route leitet uns durch das winzige Dörfchen Gudderitz und hinein nach 7 / Altenkirchen. Vielleicht hast du ja Lust auf ein Eis im Café Klabautermann? Keinesfalls versäumen solltest du einen Besuch der Kirche, schon wegen des schönen Radlerrastplatzes direkt daneben! Ein wuchtiger freistehender Glockenturm kündigt die Kirche an. An seinem Fuß sind eine Vielzahl uralter Grabsteine zu entdecken. Die Kirche zählt zu den ältesten Rügens. Spektakuläres lässt sich auch im Inneren des Bauwerkes entdecken – allerdings erst auf den zweiten Blick: Der Taufstein aus Kalk stammt bereits aus dem 13. Jahrhundert. Die vier Köpfe verkörpern die Paradiesflüsse. Ein weiteres, etwas versteckteres Highlight ist der in eine Wand eingemauerte Svantevitstein, auch Götzenstein genannt. Der slawische Bildstein aus Granit entstammt dem Kult der Ranen, der in der Jaromarsburg, der Tempelburg Arkona, von einem auf Rügen ansässigen slawischen Stamm zelebriert wurde. Es handelt sich vermutlich um einen Grabstein für einen Svantevitpriester, der als Figur mit Trinkhorn in den Stein eingeritzt ist. Die Beschilderung Julius-

KM 52

Die Kirche in 7 / Altenkirchen ist eine der ältesten Rügens. In der Sakristei im Kircheninneren solltest du auf einen in die Wand eingemauerten Reliefstein achten – der Svantevitstein geht wohl auf die vorchristliche slawische Bevölkerung der Insel zurück und bildet den Hohepriester des Gottes Svantevit ab.

ENDLICH STRAND!

Der 8 / Strand von Juliusruh ist immerhin 8 km lang – jeder findet also sein ruhiges Plätzchen. Vom Kap Arkona weht meist ein frischer Wind, der für Wellen sorgt.

STRAND- ODER SEEIDYLLE?

ruh führt uns aus dem Ort heraus. Auf dem fahrbahnbegleitenden Radweg neben der Landstraße wird das Seebad erreicht, wo sich der Kurzabstecher auf dem Fischerweg zum 8 / Strand von Juliusruh auf jeden Fall lohnt. Wunderbar kann man sich hier im weißen Sand ausstrecken, den meist frechen Möwen zuschauen oder ein Bad in den Ostseewellen nehmen. Auf dem Radweg neben der Durchgangsstraße radeln wir später weiter.

Schlossidyll mit See

Wir sind nun auf der Schaabe in Richtung Glowe unterwegs. Die fast 12 km lange Nehrung verbindet die Halbinseln Wittow und Jasmund. Zahlreiche Strandaufgänge bieten sich für weitere Kurzausflüge an. In Glowe ist dann der beschilderte Abstecher zum 9 / Hafen wegen des schönen Blickes auf Kap Arkona ein Muss! Zurück an der Hauptstraße schwenkst du dann gleich ins Sträßchen Altglowe ein. Der Radweiser gibt hier die Destination Stubbenkam-

mer vor. Ausgesprochen idyllisch geht es bald am Spykerschen See vorüber. Der beste Blick bietet sich von einer kleinen Brücke aus, wenig später lädt eine 10 / Schutzhütte zur Rast ein. Der Spykersche See liegt im Zentrum des gleichnamigen Naturschutzgebietes, das 1990 ausgewiesen wurde. Mit Geduld (und etwas Glück) kannst du hier sogar den seltenen Eisvogel leuchtend blau über der Wasserfläche blitzen sehen. Ein kurzes Wegstück weiter werden wir von einer architektonischen Perle überrascht: Das Hotel 11 / Schloss Spyker erhebt sich falunrot inmitten eines Parks. Romantischer könnte die Lage kaum sein, weshalb sich hier auch viele Brautpaare das Ja-Wort geben und danach unter professioneller Anleitung zu einer Fotosafari in den Schlosspark aufbrechen.

Panoramablick

Hinter dem Bauwerk setzt sich unsere Route fort. An der nahen Straße leitet der Weiser nach rechts. Ansteigend durchfahren wir Bobbin, biegen noch vor dem Ortsausgang nach links und genießen gleich einen überraschenden Panoramablick auf die Kirche des kleinen Dorfes. Auf der nahen Anhöhe erstreckt sich im Mai ein Meer aus leuchtend gelben Rapsfeldern. Dann heißt es erst ein-

FALUN-ROT

Das im 16. Jahrhundert entstandene und ausgesprochen idyllisch gelegene 11 / Schloss Spyker ist der älteste Profanbau Rügens. Um 1650 erhielt es durch den schwedischen Feldmarschall Carl Gustav Wrangel seine heutige Gestalt (und Farbe).

◂ links / Im Hafen von Glowe ▴ oben / Im Park bei Schloss Spyker

KM 85

Unübersehbar thront es über Lietzow – das Ende des 19. Jahrhunderts erbaute Schlösschen am Ortsrand. Die Villa wurde nach dem Vorbild des Schlosses Lichtenstein im Echaztal bei Reutlingen erbaut und wird daher als Schlösschen Lichtenstein bezeichnet. Seit 1997 ist es in Privatbesitz und wird umfangreich saniert.

mal durchatmen, um das ganze Panorama fassen zu können. An der kleinen Straße wenden wir uns schließlich fahrbahnbegleitend links in Richtung Stubbenkammer, wo uns ein recht hügeliger Verlauf nach Neddesitz bringt. Hier folgst du dem Radweiser Richtung Sagard. Entsprechend schwenkst du gleich bei der Bushaltestelle rechts in die Quoititzer Straße ein und radelst dann über den Kranichwinkel zur Dorfstraße.

Am Jasmunder Bodden

Eine längere Abfahrt führt nach Sagard, wo sich die Route an der Destination Sassnitz orientiert und zusätzlich Tour 4 startet (s. S. 33). Bei der Kirche biegen wir etwas undeutlich markiert in die Capellerstraße ein, überqueren am Ortsrand eine Landstraße und verlassen Sagard. Beim etwas versteckten Gebäude des Vorwerks orientiert sich die Tour links, an der Gabelung folgen wir dem Asphaltweg rechts. Bald ist die Bundesstraße erreicht, wo sich die Route rechts in Richtung Bergen hält. Recht schnell gelangen wir nun nach Lietzow. Der kleine Ort liegt an einer Engstelle zwischen dem Großen und dem Kleinen Jasmunder Bodden. Seine Siedlungsgeschichte reicht ausgesprochen weit zurück – im Neolithikum befanden sich hier überregional bedeutsame Feuersteinwerkstätten. Sogar eine ganze Kultur, die Lietzow-Kultur, wurde nach diesen benannt. Schließlich radeln wir fahrbahnbegleitend neben der B 96 weiter. Nach einem längeren Wegstück schwenkt unsere Route endlich beschildert weg von der Bundesstraße und gelangt zurück zum 1 / Markt von Bergen.

ZAHLENSPIEL

Der Große Jasmunder Bodden ist 14 km lang und 6 km breit. Damit beträgt seine Fläche 58 km². Seine größte Tiefe beträgt übrigens lediglich 7 m.

TOURENINFO / Der größte Teil der Route verläuft auf (teils kurzzeitig unbefestigten) Radwegen und kleineren Straßen. Vorsicht ist auf dem stark befahrenen Straßenabschnitt zwischen Silenz und Trent nötig! Deshalb ist die Tour für Kinder und Anhänger nicht geeignet. Fährzeiten beachten! Und Badesachen nicht vergessen.

◂ links groß / Lietzow am Großen Jasmunder Bodden ◂ links klein / Wegweiser bei Lietzow

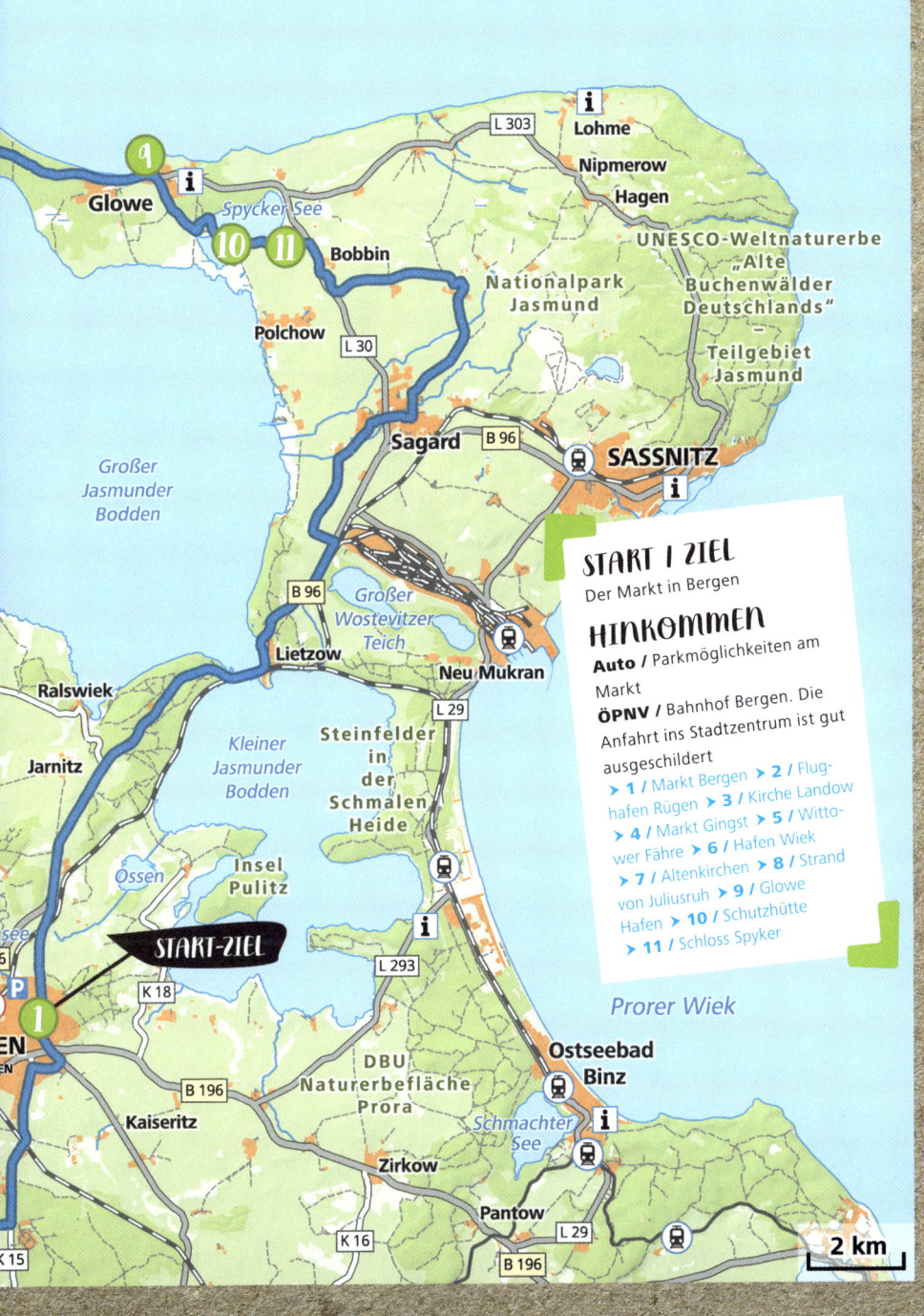

NATUR PUR

Ich bin von der unberührten Wildnis des Anklamer Stadtbruchs so fasziniert, dass ich mich von der Turmaussicht kaum trennen kann. Am besten ist das Licht natürlich abends.

▶ **1 /** In Ueckermünde starten wir, per Fähre kehren wir am Tourenende hierher zurück

▶ **2 /** Zur Abkühlung an den Strand von Mönkebude

▶ **3 /** Die Beine am Rastplatz Leopoldshagen ausstrecken

▶ **4 /** Polnische Küche in Bugewitz probieren

▶ **5 /** Den Blick übers Moor vom Vogelbeobachtungsturm schweifen lassen

▶ **6 /** In Anklam den ersten Radeltag am Peeneufer ausklingen lassen

▶ **7 /** Proviantnachschub im Bioladen-Imbiss Libnow besorgen

▶ **8 /** Vögel zählen von der Beobachtungsplattform

▶ **9 /** Bei den gigantischen Resten der Eisenbahnhubbrücke in Karnin

▶ **10 /** In Usedom durch die Gassen des Landstädtchens streifen

▶ **11 /** Den Wisenten von Prätenow einen Besuch abstatten

▶ **12 /** Im Hafen Kamminke die Fähre nach Ueckermünde entern

UMS HALBE HAFF

*Von **Ueckermünde** auf die **Sonneninsel Usedom***

Vielleicht hätte man die Tour so nie gemacht, denn nahe des Anklamer Stadtbruchs holpern die Räder für 3 km über einen recht ruppigen Betonplattenweg – hier ist einiges an Konzentration von Nöten. Entschädigt wirst du jedoch durch die grandios-wilde, naturbelassene und vogelreiche Moorlandschaft des Bruchs. Das malerische Ueckermünde, der Mönkebuder Badestrand und die hügelige Sonneninsel Usedom sind weitere Highlights deiner Zweitagestour ums halbe Stettiner Haff. Zurück können wir die Fähre von Kamminke nehmen.

TOUR, DIE DU SO NIE GEMACHT HÄTTEST

Tag **1** + Tag **2**
36 + **48** Kilometer
25 + **70** Höhenmeter
3:30 + **4:30** Stunden
Streckentour

Tag 1
Auf den Sattel, fertig, los!

Am 1 / Bahnhof Ueckermünde-Stadthafen starten wir in Richtung Altstadt, schießen noch ein Foto von den schaukelnden Booten und schauen kurz den auf der Hafenmauer sitzenden Anglern über die Schulter. Die Ausbeute scheint zufriedenstellend zu sein, schließlich werden auf einigen der Schiffe Fischbrötchen verkauft – angesichts unseres Vorhabens ist eine Stärkung sicher keine schlechte Idee. Auf der Straßenbrücke wird die Uecker überquert. Im nahen

CHARAKTER
Sportlich ●●●●○
Abkühlung ●●●○○
Schlemmen ●●●○
Panorama ●●●●○

‹ links / Radweg durch den Anklamer Stadtbruch

Schloss hat das Haff-Museum seine Pforten geöffnet. Für uns die richtige Adresse, um nach der Tour das Erlebte noch einmal Revue passieren zu lassen. Nun aber leiten Uecker- und Schulstraße die Route zum Markt. Halte hier noch einmal inne und bestaune die prächtigen Giebel- und Fachwerkbauten! Entlang der Hospitalstraße wird eine Kreuzung erreicht, an der wir rechts schwenken. Bis zum Ende der Tour können wir uns nun der Beschilderung des Oder-Neiße-Radwegs anvertrauen. Der Vorfahrtstraßenverlauf führt aus Ueckermünde heraus. Fahrbahnbegleitend überquert die Route die Brücke über die träge strömende Zarow. Der Fluss entwässert die Friedländer Große Wiese. Bald lassen wir auch das am Flussufer gelegene Grambin hinter uns.

ENG!
Im Haff-Museum Ueckermünde kann in einer original nachgebauten Schiffskajüte das Leben an Bord eines Binnenschiffes nachvollzogen werden (www.ueckermuende.de).

Ab an den Mönkebuder Strand!

In 2 / Mönkebude treffen wir auf zahlreiche reetgedeckte Fischerhäuser und Bauerngüter. Beim Feuerwehrhaus hält sich die Route rechts hin zur Touristeninformation, hinter der sich ein kleiner Rundkurs zum Strand anschließt. Vielleicht möchtest du hier noch einmal in die Wellen tauchen? Bis zum heutigen Etappenziel verläuft unsere Route nämlich im Hinterland der Küste. Die Beschilderung führt uns dann vorbei am Gasthof und über die Ortsdurchgangsstraße hinweg. Am Fuß der Kirche St. Petri legen wir den Kopf in den Nacken und staunen: Passend zum vorübergehenden Abschied vom Stettiner Haff erinnert die Architektur des Baus doch auffallend an einen Leuchtturm. Mit dem Spruch über dem Eingangsportal "Alle Dinge sind möglich …" im Herzen schwingen wir uns wieder in den Sattel und radeln auf der Lübser Landstraße weiter. Im Wald verläuft die Strecke nun recht kurvenreich. Hoch wölben sich die Baumkronen über uns, während sich der Waldweg zu einem etwas holprigen Pfad verjüngt. E-Biker sollten hier

TOUR, DIE DU SO NIE GEMACHT HÄTTEST

▸ rechts groß / Dunkle Gewitterwolken ziehen vorüber ▸ rechts klein / Fast wie ein Leuchtturm – die Kirche in Mönkebude

1925

Fast 100 Jahre alt ist das Zeesenboot Ghost. Vom 2 / Mönkebuder Hafen aus kann mit diesem das Stettiner Haff erkundet werden. Stolz bläht sich das rostbraune Segel im Wind, während die Wellen gegen die Holzplanken plätschern.

> ### KULTUR IM DORF
>
> Ob Rock, Pop, Kindertheater oder Liedermacher – der Kulturverein Weitblick in **4 / Bugewitz** bringt Künstler aller Herren Länder in das winzige Dorf. Ort der Veranstaltungen ist zumeist das urige Gasthaus Zum Mühlengraben (www.weitblick-bugewitz.de).

TOUR, DIE DU SO NIE GEMACHT HÄTTEST

wegen des mäandrierenden Verlaufs etwas langsamer unterwegs sein. Gerade in den Morgen- und Abendstunden lassen sich häufig Rehe sichten. Nahe des Ortsrandes von Leopoldshagen wird ein liebevoll dekorierter 3 / Rastplatz passiert – ein gute Wahl, um einmal vom Rad zu steigen. Nur kurz surren die Pneu über Asphalt, dann radeln wir im Wald auf unbefestigter und stellenweise etwas sandiger Oberfläche parallel zum Waldrand weiter. Schließlich leiten uns die Schilder des Oder-Neiße-Radweges über die Landstraße. Der nun gut ausgebaute Radweg verläuft durch eine weite und lichte Feldlandschaft bis hinein nach 4 / Bugewitz. Das Gasthaus Zum Mühlengraben (Dorfstraße 47, 17398 Bugewitz, Tel. 039726/87 38 66) verwöhnt Hungrige gern mit Leckerbissen der polnischen Küche. Wenige Pedaltritte weiter lädt zudem ein Hofcafé in einem urigen Gehöft zur Rast ein.

Vom Meer zum Moor

Bei der schönen Kirche lassen wir Bugewitz hinter uns und radeln nun durch die vogelreiche Moorlandschaft des Naturschutzgebie-

tes Anklamer Stadtbruch. Die Wirtschaftswege im Bereich des ausgedehnten Moores gehen auf den einst bedeutsamen Torfabbau zurück. Eine Sturmflut im November 1995 ließ nach einer ganzen Reihe von Deichbrüchen weiträumig überflutete Flächen zurück. Zum Glück für die Natur, denn seitdem kann sie sich hier ungebändigt entfalten. Nimm dir beim 5 / Vogelbeobachtungsturm Zeit für eine Rast, denn der Blick von oben ist wirklich atemberaubend. Spektakulär klingt auch die Geräuschkulisse in den Ohren: Die Moorbewohner schnattern, quaken, pfeifen und zwitschern wild durcheinander. Beim Turm geht es nun auf dem geradeaus führenden unbefestigten Weg weiter. Am rechten Horizont fällt das stählerne Ungetüm der stillgelegten Eisenbahnhubbrücke von Kamp auf. Nach etwa 4 km wird eine Brücke linker Hand ignoriert. Wenig später stößt unser Weg auf eine Straße, der wir links in Richtung Anklam folgen. Gleich wird der Rosenhäger Beck überbrückt und nach nur 800 m folgt die Route der Beschilderung nach rechts. Der hier für 3 km leider recht holprige Betonplattenweg erfordert etwas Konzentration. Im Anschluss haben wir aber wieder ein gut befahrbares Asphaltband unter unseren Reifen. In 6 / Anklam passieren wir zunächst das futuristische Zucker- und

15

Der Anklamer Stadtbruch umfasst ca. 15 km² im Mündungsgebiet der Peene. Auch zukünftig bleibt das Gebiet ein Refugium der Natur, denn der NABU hat es 2018 erwerben können. Mit Glück kannst du vom 5 / Beobachtungsturm Seeadler entdecken, weisen sie doch mit 12 Brutpaaren die höchste Dichte in Mitteleuropa auf.

◄ links / Rastplatz Leopoldshagen ▲ oben / Im Anklamer Stadtbruch

DIE GEWAGTE WELT DES FLIEGENS

Dem 6 / Anklamer Otto Lilienthal ist ein spannendes Museum gewidmet. Es zeigt zahlreiche Flugapparate der Brüder Otto und Gustav (www.lilienthal-museum.de).

Bioethanolwerk und gelangen dann zum hoch aufragenden Steintor – einem der städtischen Wahrzeichen. Wer alles mag im Laufe der Jahrhunderte durch das mächtige Bauwerk die Kommune betreten haben? Du reihst dich in diese Schar ein und triffst bald auf den Markt der Peenestadt. Hier kannst du in der Touristeninformation nach einer Übernachtungsmöglichkeit fragen. Wem der Sinn weniger nach einer Stadt von der Größe Anklams steht (fast 14.000 Einwohner), der kann sich auch noch auf den Weg ins beschauliche Städtchen Usedom machen. Auch E-Biker freuen sich vielleicht über ein Strecken-Extra. Danach hat man allerdings noch zusätzliche 26 km in den Beinen. So oder so solltest du dir ein Eis am Markt oder einen Kaffee im schnuckeligen und idyllisch gelegenen Flusscafé (tgl. 12–18 Uhr, Werftstrasse 6, 17389 Anklam, Tel. 03971/24 28 39) direkt an der Peene gönnen.

▲ oben / Gewaltig – die Marienkirche in Anklam ▶ rechts / Das Steintor in Anklam

Tag 2
Auf die Sonneninsel

In jedem Falle verlassen wir die Stadt auf dem Oder-Neiße-Radweg Richtung Usedom entlang der Peenstraße und rollen hinab zur schönen Holzbrücke über die Peene. Die von zwei Pylonen getragene Holzkonstruktion wurde 1994 eingeweiht. An der Bundesstraße B 110 radeln wir fahrbahnbegleitend bis zum Abzweig Relzow, wo die Route nun dem kurvenreichen Verlauf der Dorfstraße folgt. Wir nähern uns der B110 erneut an, bevor uns der Radweg in weitem Bogen durch dichten Wald führt. Erst bei den wenigen Häusern von 7 / Libnow trifft die Tour wieder auf die Bundesstraße. Hier wartet ein einladender und liebevoll geführter Imbiss im Höfeladen Esslust (April–Dez. Mo–Fr 9–18, Sa 10–16 Uhr, Libnow 7a, 17390 Murchin, www.hoefeladen-esslust.de) auf Besucher. Für Spezialitäten aus der Region bist du hier genau richtig! Nahe der Bundesstraße radeln wir durch Wälder, Wiesen und Felder: Ob sich nun Gewitterwolken türmen oder der stahlblaue Himmel über unseren Köpfen wölbt – stimmungsvoll ist die weite Landschaft allemal. Auf der 8 / Beobachtungsplattform kurz vor der Zecheriner Brücke solltest du die Stufen hinaufkraxeln: Was für ein Blick von oben über die Sumpf- und Moorlandschaft nahe der Peenemündung!

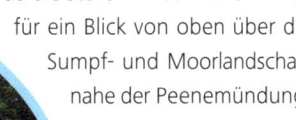
TOUR, DIE DU SO NIE GEMACHT HÄTTEST

KM 36

Spazierst du durch 6 / Anklam, das bereits 1264 Stadtrechte erhielt, fühlst du dich ins Mittelalter versetzt. Gleich sieben Backsteingotikbauten zeugen von dieser Zeit, darunter das Steintor sowie die St.-Marien- und Nikolaikirche. Du kannst die historische Altstadt auch auf eigene Faust mit dem Audioguide der Stadt „Verschwundene Orte" entdecken.

> **SCHIFF VORAUS!**
> Der Leuchtturm in Karnin ist kein Leuchtturm, sondern ein Lotsenturm – noch dazu der einzige Vorpommerns! Erfahrene Lotsen dirigierten hier einst die Schiffe, die in Richtung Polen oder offene Ostsee unterwegs waren.

Kurz darauf sind Technikinteressierte vom Brückenbauwerk über den Peenestrom begeistert. Die Zecheriner Brücke wird fünf Mal täglich für passierende Schiffe geöffnet und kann dann in Aktion bewundert werden.

Bücherstöbern im Kirchturmschatten

TOUR, DIE DU SO NIE GEMACHT HÄTTEST

Am jenseitigen Ufer radeln wir endlich auf dem Boden der Insel Usedom und fühlen uns so der Ostsee ein ganzes Stück näher. Der Oder-Neiße-Radweg folgt gleich der ersten Abzweigung nach rechts nach Karnin und tangiert auf dieser Strecke zunächst das Örtchen Zecherin. In Karnin dominiert das gewaltige Ungetüm der längst stillgelegten 9 / Eisenbahnhubbrücke das kleine Hafenareal – heute trocknen nur noch Kormorane ihr Gefieder auf dem Stahlkonstrukt. Der Hauptstraßenverlauf leitet uns vorbei am Karniner Lotsenturm. Hier lohnt der Abstecher zum Sommercafé im winzigen Hafen. Leckerer Kuchen und ein idyllischer Blick versüßen die Rast. Bald taucht am Horizont die hoch aufstrebende Kirche der Stadt 10 / Usedom auf, die die geduckten Häuser zu

ihren Füßen um ein Vielfaches überragt. Seit eh und je wird das Zentrum durch das Anklamer Tor gegenüber dem Gotteshaus erreicht. Auf dem kleinen Markt hinter der Kirche kann man sich in einer schön gestalteten Bücherzelle mit frischem Lesestoff versorgen (und ausgelesenen hinterlegen). Diesen im Gepäck rollst du dann die Swinemünder Straße hinab. Weit kommen wir allerdings nicht, verlockt hier doch gleich das romantische Galerie-Café-Restaurant Alter Hof zur Einkehr (Swinemünder Straße 68, 17406 Usedom, Tel. 038372/77 94 68, www.alter-hof-usedom.de): Lass im bezaubernden Innenhof deine Seele baumeln! Spektakulär lecker ist übrigens der Flammkuchen Alter Hof.

ANKLAMER TOR

Durch das 10 / Usedomer Stadttor führt unser Radweg. Das älteste Bauwerk der Stadt stammt von 1450. Im ehemaligen Stadtgefängnis ist heute die Heimatstube untergebracht.

Wisentgehege und Provinzflughafen

An der B 110 wendet sich die Tour dann fahrbahnbegleitend nach rechts. Beim nahen Straßenabzweig nach Stolpe halten auch wir uns rechts. Die Räder surren bald auf dem schönen Waldweg bis in den Ort, wo sich der beschilderte Abstecher zum nahen, vielfältig genutzten und wunderbar restaurierten Schloss unbedingt lohnt. Während der Öffnungszeiten sind auch Besichtigungen möglich (Di–Fr 11–18, Sa–So 14–18 Uhr, Am Schloss 9, 17406 Stolpe, www.schloss-stolpe.de). Geradeaus führt uns das Sträßchen am nörd-

◂ links / Karniner Brücke ▴ oben / Marienkirche Usedom

KM 72

Eine halbe Tonne und mehr bringt ein Wisentbulle auf die Waage. Das schwerste freilebende Exemplar wog sogar 840 kg. Grund genug, sich die imposanten Muskelprotze einmal aus der Nähe anzusehen (Wisentpark Usedom, Ostern–Okt. 10–17 Uhr, Heideweg 1, 17419 Prätenow, www.wisentgehege-usedom.de).

lichen Ortsrand entlang. Dann halten wir erst einmal inne: Denn über Felder und Weiden schweift unser Blick hier weit über das Stettiner Haff. In 11 / Prätenow kurz darauf versteckt sich unweit der Straße ein Wisentgehege im Wald. Auf jeden Fall aber solltest du einen Stopp im Café Vergiss Dein nicht (Fr–So 11–17 Uhr, Stolper Straße 1, 17419 Dargen OT Prätenow, Tel. 0173/201 62 49, www.cafe-vergiss-dein-nicht.de) direkt am Wegesrand einlegen – denn märchenhafter und idyllischer als an einem der kleinen Tischchen im blumenübersäten Garten lässt sich eine Pause kaum verbringen. Von Dargen führt uns der Bossiner Weg ins winzige Bossin. Danach gilt es, eine kleine Anhöhe zu erklimmen, bevor wir hinab nach Neverow rollen. Beim Gelände des etwas deplatziert wirkenden Flughafens Heringsdorf geht es links weiter. In Zierchow folgen wir der abbiegenden Vorfahrtstraße und schwenken unmittelbar darauf rechts auf den gepflasterten Radweg ein. Nach der Bahnunterführung steigt die Strecke allmählich an, erklimmt eine Anhöhe und gelangt nach Garz. Hier biegen wir an der Vorfahrtstraße weg vom Oder-Neiße-Radweg und halten uns rechts in die Lindenstraße in Richtung Kamminke. Gleich orientiert sich die Route links und gelangt auf den Radweg nach Kamminke. Die Bergstraße leitet uns mit einem Gefälle von phänomenalen 12 % hinab zum 12 / Hafen des kleinen Ortes, wo bei der Fischräucherei auch ein uriger Biergarten lockt. In diesem lässt sich wunderbar die Zeit bis zur Abfahrt der Fähre zurück nach Ueckermünde überbrücken. Beine ausstrecken, Blick aufs Haff und ein kühles Getränk – was braucht es mehr?

OPEN AIR

Während der Sommersaison gibt es jeden Dienstagabend Konzerte auf dem schönen Ueckermünder Markt. Wer mag, kann dabei die Produkte des hiesigen Brauhauses testen.

TOUR, DIE DU SO NIE GEMACHT HÄTTEST

TOURENINFO / Einige Abschnitte der Tour verlaufen auf unbefestigten Wegen und holprigem Betonplattenuntergrund. Deshalb ist sie für Anhänger nicht geeignet. Badesachen nicht vergessen. Unbedingt die Fährzeiten beachten: www.reederei-peters.de!

◂ links / Ueckermünder Marktplatz und Hafen

WO MAJESTÄT ZU BADEN GERUHTE

Zu den drei **Kaiserbädern Ahlbeck, Heringsdorf** und **Bansin**

19 Kilometer
107 Höhenmeter
1:45 Stunden
Streckentour

Schöner kann eine Anreise auf die Sonneninsel Usedom kaum sein: Im bildhübschen Ueckermünde borden wir die Fahrradfähre Priwall V und pflügen dann knapp eineinhalb Stunden die Wellen des Stettiner Haffs. In Kamminke gehen wir an Land und machen uns auf den Weg zu den berühmten Kaiserbädern Usedoms mit ihren schneeweißen Stränden. Wunderbar kombinieren lässt sich diese Etappe mit der Wochenend-Tour 21 als ihre Verlängerung.

In die Vollen: Steil bergan auf den Inselrücken
Vom 12 / Hafen Kamminke geht es auf der Bergstraße mit schweißtreibenden 12 % Steigung bergan. Beim Haus Nr. 29 schwenken wir links Richtung Garz ein und radeln weiter bergan bis in den Ort. Hier orientieren wir uns rechts in die Lindenstraße und folgen an der Vorfahrtstraße der Radwegbeschilderung Heringsdorf. Auf der Thälmann-Straße verlassen wir die Siedlung und tauchen auf unserem weiteren Weg nach Korswandt in dichten Buchenwald ein. Kühle und Vogelgezwitscher empfangen uns zwischen den hoch aufragenden Baumstämmen. Noch einmal Ruhe tanken vor dem Trubel der Ostseebäder! Am Baltic Hills Golf Resort wartet ein schöner 13 / Rastplatz am Waldrand auf uns.

Kahnpartie auf dem Wolgaster See
Entspannt rollen wir talwärts hinab nach Korswandt, wo uns die Beschilderung am idyllischen 14 / Wolgaster See vorüberführt (ebenso wie Tour 2, s. S. 89). Den besten Blick auf die spiegelglatte Wasserfläche hast du von der Caféterrasse des Hotels & Restaurants Idyll am Wolgastsee (Hauptsaison Mi–So ab 12 Uhr, Hauptstraße 9, 17419 Korswandt, Tel. 038378/800671). Darf es noch ein wenig mehr sportliche Betätigung sein? Auch ein Bootsverleih hat hier seine Pforten geöffnet! Die Weiser nach Heringsdorf führen uns über die Landstraße. Ansteigend radeln wir dann erneut in

dichten Buchenwald hinein. Schließlich senkt sich der Weg recht steil zum Ortseingang von Ahlbeck hin. Wir überqueren die Bahnlinie und halten uns an der Vorfahrtstraße rechts. Zunächst verläuft die Route entlang der Swinemünder Chaussee noch einmal aus Ahlbeck heraus, schwenkt dann aber nur 150 m nach dem Ortsausgangsschild links ins Sträßchen Waldoase ein.

Wellenrauschen am Ostseestrand

Nahe der Sportjugendbegegnungsstätte halten wir uns links, umfahren das Gelände und stehen gleich an der Strandpromenade – nur wenige Schritte weiter rauscht verlockend das Meer. Wir radeln links, bewundern unterwegs die üppige klassizistische Bäderarchitektur und erreichen bald die historische 15 / Ahlbecker Seebrücke. Die Strandpromenade leitet uns nach wenigen Minuten in die beiden an Ahlbeck angrenzenden Ostseebäder Heringsdorf und Bansin. In 16 / Heringsdorf kannst du über die Seebrücke flanieren, welche mit 508 Metern die längste ihrer Art in Kontinentaleuropa ist. Bei den ersten Häusern von Bansin sollte bei der urigen 17 / Fischräucherei der Gebrüder Schwarz direkt am Radweg ein Stopp eingelegt werden – die Fischbrötchen sind vielleicht die besten der Insel. Die lassen sich dann hervorragend am 18 / Bansiner Sandstrand genießen!

TOURENINFO / Die Tour verläuft auf asphaltierten Radwegen und befestigten Waldwegen mit teilweise recht steilen Auf- und Abfahrten. Letzteres sollte bedacht werden, sofern man mit Kindern oder Anhänger radeln möchte. Badesachen nicht vergessen.

▲ oben / Ahlbecker Seebrücke

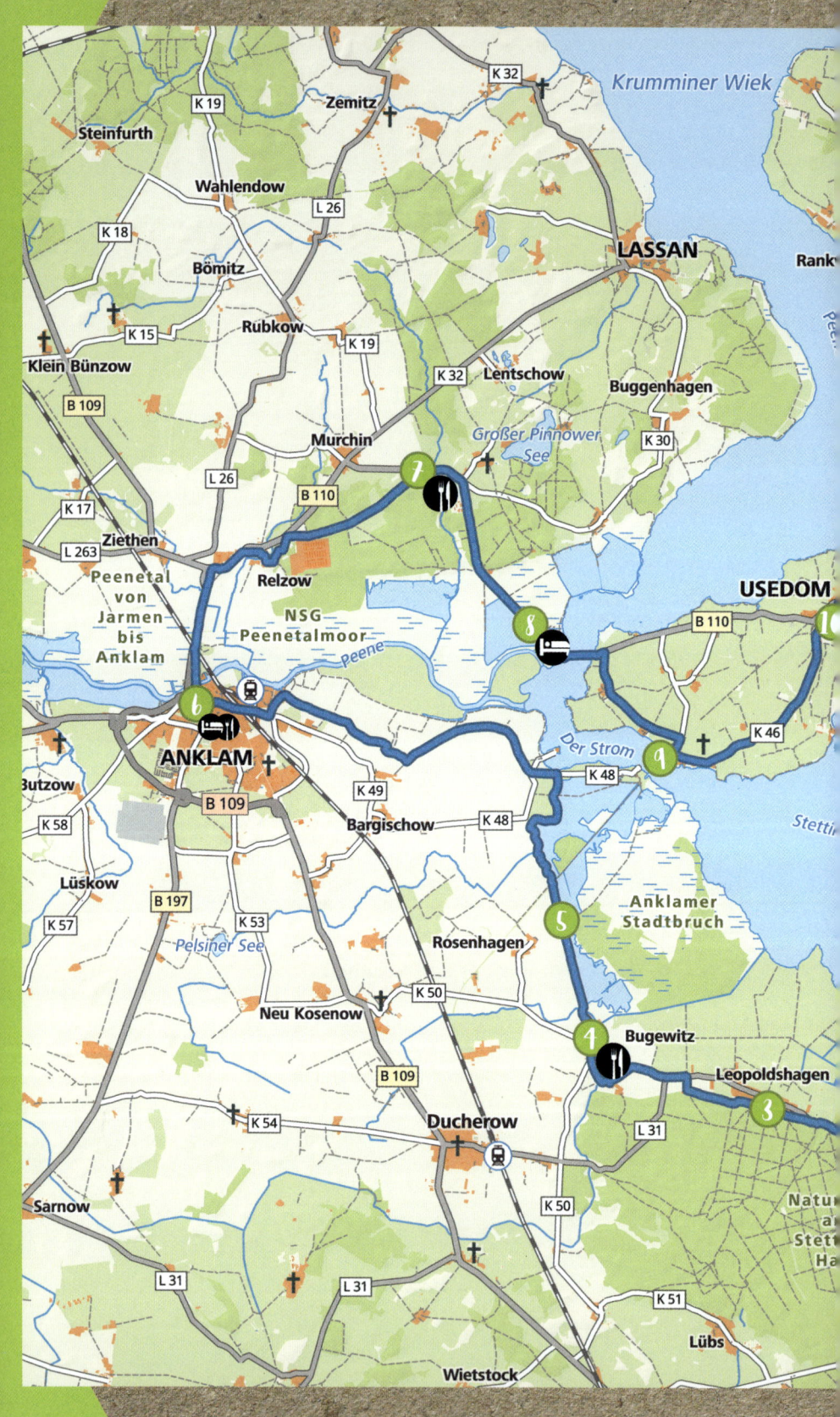

RADVERGNÜGEN UND NOCH MEHR

An der Ostseeküste kommt nicht nur das Radlerherz in den vollen Genuss, auch Wattspaziergänger, Sandburgenbauer, Schwimmer, Bootsfahrer, Segler, Vogelbeobachter …

AUFGESATTELT!

OSTSEEKÜSTEN- UND RADBASICS

RADVERGNÜGEN an der Ostseeküste // **Seite 226**

FACTS Ostseeküste // **Seite 229**

RAUSZEIT-HIGHLIGHTS für Kinder, E-Biker, Schlemmer und Ruhesuchende // **Seite 230**

DAS KRIEGST DU NICHT ALLE TAGE
Wann am besten wohin // **Seite 232**

PACKLISTE // **Seite 234**

RADCHECK // **Seite 236**

BIKE-BUCKETLIST Ostseeküste // **Seite 240**

RADVERGNÜGEN

an der Ostseeküste
Mecklenburg-Vorpommerns

Mecklenburg-Vorpommern ist das Radfahrland Nr. 1 in Deutschland – und noch um einiges mehr gilt dies für die Ostseeküste. Das Radwegenetz ist hier ausgesprochen dicht. Zu sportlichen Höchstleistungen muss man sich in der Regel nicht aufschwingen, starke Steigungen kommen selten vor. Größere Herausforderungen lauern eher bei stetigem Wind – der kommt hier (gefühlt) immer von vorn.

NORDISCHE FAHRRADKULTUR

Die vorpommersche Ostseeküste ist, sieht man einmal von einigen Teilen der Insel Rügen ab, schön flach. Schon deshalb schwingen sich auffällig viele Bewohner des Landstrichs für den Arbeitsweg oder Einkauf aufs Rad. Entsprechend gut ausgebaut sind die Radwege, die auch den hintersten Winkel des Landes erschließen. Mit dem zunehmenden Interesse am Radeln sind in den letzten Jahren noch einmal verstärkt Wege asphaltiert worden. Allerdings verläuft noch nicht jede Radstrecke auf spiegelglattem Untergrund. Auch befestigte Waldwege, stellenweise holprige Betonplatten und das zuweilen abenteuerliche Kopfsteinpflaster bei Dorfdurchfahrten haben ihren Anteil am Wegenetz. Seit längerer Zeit erfreut sich die Ostseeküste einer wachsenden Beliebtheit als Urlaubsdestination. Auf den Deichradwegen direkt am Strand kann es deshalb in der sommerlichen Hochsaison auch mal ganz schön eng werden. Familien, E-Biker, Radler, Hunde mit Frauchen und Herrchen sowie Jogger streben gemeinsam ihrem favorisierten Strandabschnitt zu. Dann gilt es, mit Augenmaß zu fahren und gerade Kinder bei ihren ersten Fahrversuchen im Auge zu behalten. Die Radwege gleich

ALLES RUND UMS FAHRRADFAHREN AN DER OSTSEEKÜSTE: WIE DIE FAHRRADKULTUR IST UND WAS DICH ERWARTET

nebenan sind auch zu dieser Zeit schön leer. Im gesamten Gebiet gibt es zudem zahlreiche wenig vom Autoverkehr frequentierte Nebenstrecken, die sich ebenfalls gut für Touren nutzen lassen.

RECHTS, LINKS ODER GERADEAUS

Dank einer recht guten Beschilderung fällt die Orientierung zumeist leicht. An vielen größeren Wegkreuzungen weisen grün-weiße Schilder die Richtung und geben die Entfernungen zu den nächsten Zielen an. Radfernwege sind durch entsprechende Piktogramme gekennzeichnet. An touristischen Hotspots informieren zudem Regionalkarten über das Wegenetz vor Ort. Das in anderen Gebieten Deutschlands verbreitete Knotenpunktsystem hat sich an der Ostseeküste (bisher) nicht durchgesetzt.

EIGENES RAD ODER ...?

Nicht jeder möchte auf den eigenen, vertrauten fahrbaren Untersatz verzichten. Vor allem in den Ostseebädern bieten allerdings zahlreiche Fahrradverleihe ihre Dienste an. Dabei können zumeist verschiedene Fahrradtypen (Stadtrad, Trekkingrad, MTB) sowie Pedelecs ausgeliehen werden. Die Tagesmiete für ein Rad liegt bei etwa 6–9 Euro, fürs Pedelec ist mit circa 20–25 Euro zu rechnen. Kinderräder und Fahrradhelme werden allerdings etwas seltener angeboten. Fahrräder können übrigens auf den meisten Fähren problemlos mitgenommen werden. Auch einige touristisch stark frequentierte

Buslinien sind mit Fahrradanhänger unterwegs. E-Biker sollten vor jeder Tour auf einen voll aufgeladenen Akku achten – nicht überall kann unterwegs nachgeladen werden. Eine gute Übersicht über Ladestationen bietet www.radfahrland-mv.de/services/e-bike-ladestationen.

RAUS MIT KIND & KEGEL

Die Ostseeküste ist ein Radlerparadies auch und gerade für Kinder. Fast jede Route tangiert in ihrem Verlauf früher oder später einmal den Strand. Badestopps sind also fast immer möglich und können als Motivationsschub dienen. Auch Eisbuden, Spielplätze und Weiden mit Tieren liegen häufig am Wegesrand. Spannende Leuchtturmbesteigungen und Fährüberfahrten werden ebenfalls begeistern. Einige wenige Touren sind für Kinder nicht geeignet, z.B wenn sie kurzzeitig auf einer stärker befahrenen Straße verlaufen. Darüber gibt der jeweilige Infoblock Auskunft. Gleiches gilt auch für die Nutzung von Fahrradanhängern.

... NICHT AUF DER FLUCHT

Egal ob man gerade an der Steilküste Rügens, am Strand von Usedom oder durchs dichte Grün des Darßer Urwaldes radelt – am Wegesrand erwarten uns vielfältige Eindrücke, die wahrgenommen werden wollen. Schon deshalb orientieren sich die angegebenen Radelzeiten bei einer Durchschnittsgeschwindigkeit von 12 km/h an einem eher gemütlichen und familienfreundlichen Fahrverhalten. Hin und wieder fordert auch der küstentypische Gegenwind seinen Tribut und verhindert ein flotteres Vorwärtskommen. Und außerdem – wir sind im Urlaub …

FACTS OSTSEEKÜSTE

2.500 KM
Radfernwege in Mecklenburg-Vorpommern (u.a. Ostseeküstenradweg, Oder-Neiße-Radweg, Havel-Radweg, Uckermärkischer Radrundweg)

65 Einwohner/km²
Deutschland: 233 Einwohner/km²

7.137 KM²
Fläche der Landkreise Vorpommern-Greifswald und Vorpommern-Rügen
Mecklenburg-Vorpommern: 23.211 km²

1906
Sonnenscheinstunden pro Jahr
damit ist die Insel Usedom die sonnenreichste Region Deutschlands

17,9 M
Bakelberg, höchste Erhebung auf Fischland-Darß-Zingst

60.000
Kraniche rasten alljährlich im Nationalpark Vorpommersche Boddenlandschaft auf ihrem Zug nach Süden

508 M
Seebrücke Heringsdorf, die längste Deutschlands
Die Seebrücke im polnischen Sopot ist gerade 3,5 m länger.

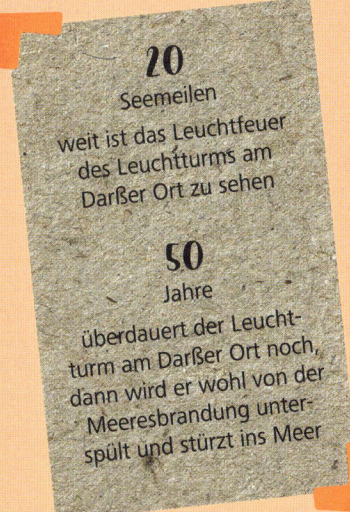

20 Seemeilen
weit ist das Leuchtfeuer des Leuchtturms am Darßer Ort zu sehen

50 Jahre
überdauert der Leuchtturm am Darßer Ort noch, dann wird er wohl von der Meeresbrandung unterspült und stürzt ins Meer

RAUSZEIT-HIGHLIGHTS

FÜR KINDER

Leinen los!
Einst fuhr der Kutter Lütt Matten auf Krabbenfang, nun tuckert er gemächlich von 2 / Altwarp über den Neuwarper See. Dabei darf sich jeder kleine Radler als Kapitän fühlen.
Tour 1 // Seite 10

Rasender Roland
Schnaufend und zischend rollt die berühmte Dampflok in den 1 / Bahnhof von Baabe ein. Eine Fahrt lässt Kinderherzen höherschlagen.
Tour 13 // Seite 115

Welt im Kleinen
Von der Chinesischen Mauer zur Basilius-Kathedrale sind es nur ein paar Schritte – zumindest im Miniaturland 2 / Rügenpark. Schiffschaukeln, Loopings, Seilbahn und Streichelzoo gibt's obendrauf.
Tour 5 // Seite 42

134 Stufen zum Leuchtturmwärterglück
Vom 4 / Leuchtturm am Darßer Ort nach Schiffen am Horizont suchen.
Tour 8 // Seite 68

FÜR E-BIKER

Ueckermünde!
Nur ein paar Kilometer trennen Ueckermünde vom winzigen Ort 1 / Vogelsang. Nach einer Streckenverlängerung kannst du durch das malerische Städtchen flanieren.
Tour 1 // Seite 14

Entspannen im Biergarten
Im Schatten einer gewaltigen Eiche kannst du die Beine im Biergarten des 7 / Schlösschens Sundische Wiese ausstrecken, während dein Akku an der Ladestation hängt.
Tour 15 // Seite 140

Der hohe Norden
Kaum hast du dich in 7 / Altenkirchen aufs E-Bike gesetzt, schon bist du am Fuß der Leuchttürme von Kap Arkona.
Tour 20 // Seite 198

Inselrundblick
Vom Wustrower Kirchturm kannst du Meer und Bodden überblicken – eine kurze Extra-Tour von 5 / Dierhagen Strand macht's möglich.
Tour 17 // Seite 158

*Top für jede Lust und Laune:
Kleine und große Abenteuer,
die besten Einkehrtipps und
entspanntesten Pausenplätze*

FÜR SCHLEMMER

Dem Koch auf die Finger schauen
… kannst du in der 3 / Schauküche Strandoase bei Ückeritz. Bei den Smoothies und Milchshakes läuft dir das Wasser im Mund zusammen!
Tour 2 // **Seite 18**

Zuckerkuss
Der Blick reicht bis zur Skyline von Stralsund. Hoch wie die Türme der Stadt sind auch die selbstgebackenen Torten im 4 / Gartencafé Zuckerkuss in Wusse.
Tour 5 // **Seite 45**

Inmitten der Rostocker Heide
Vogelgezwitscher und Waldesgrün umgeben das 3 / Café Meyers Hausstelle. Im Garten pausiert man herrlich unterm Sonnenschirm.
Tour 7 // **Seite 60**

Nicht nur für Naschkatzen
Im liebevoll eingerichteten 5 / Gartencafé Naschkatze in Krummin zwischen farbenfrohen Blumenbeeten und bei selbst gebackenem Kuchen genüsslich die Seele baumeln lassen.
Tour 11 // **Seite 98**

FÜR RUHESUCHENDE

Im Schatten der Jahrtausende
Die magische Atmosphäre am beschatteten 6 / Rastplatz neben mächtigen, bronzezeitlichen Steinsetzungen lädt zum Innehalten ein.
Tour 3 // **Seite 29**

Kahnpartie
Still liegt der 7 / Wolgastsee bei Korswandt im Wald. Eine Rudertour über den See machen Ruhe und Entspannung perfekt.
Tour 10 // **Seite 89**

Strand, so weit das Auge reicht
Im Rücken der Darßer Urwald, vor uns das Meer. Die Luft ist klar, am Horizont berühren sich Himmel und Meer. Der 7 / Weststrand ist 14 km lang!
Tour 16 // **Seite 151**

Ein Eis, bitte!
Boddenufer, raschelndes Schilf, murmelnde Wellen … Was gäbe man jetzt für ein Eis! Zum Glück gibt's im 40-Seelen-Dorf 7 / Groß Stresow Haases Eishütte direkt am Radweg.
Tour 3 // **Seite 29–30**

DAS KRIEGST DU NICHT ALLE TAGE

TOUR 6

Tonnenabschlagen Dierhagen
Der Reiter, der einem hängenden Holzfass den Boden herausschlägt, wird Tonnenkönig.
im August
Seite 51

TOUR 16

Darßer Sommertheater Born
Lesungen, Konzerte und Theatervorstellungen im Sommer

BORN

DIERHAGEN

RIBNITZ-DAMGARTEN

Hafenfest Ribnitz-Damgarten
Buntes Volksfest auf der Festmeile im Ribnitzer Hafen
im August

STRALSUND

Wallensteintage Stralsund
Größtes historisches Volksfest Norddeutschlands
Mitte Juli

TOUR 14

TOUR 17

Wann am besten wohin?
Noch mehr Erleben! Kombiniere diese Events mit deinen Touren

WEITERE EVENTS

TOUR 13
Wikingertage Göhren
Live-Musik, Schaukämpfe, Bogenschießen u.v.m. im August

GÖHREN

TOUR 11
Usedomer Drachenfestival Karlshagen
Familienfest – alles rund ums Drachensteigen, im Oktober

KARLSHAGEN

ZINNOWITZ

Zinnowitzer Feenfeuer
Dicht- und Lichtkunst-Festival im Oktober

TOUR 2

Strandgaloprennen Wustrow
Fliegende Mähnen, donnernde Hufe und peitschender Sand vor der Kulisse der Ostsee in Wustrow, Ostersamstag

Jazzfest Ahrenshoop Überall im Ort treten Jazzgruppen auf, Juni (Tour 16)

Dierhäger Zeesenboot-Regatta Regatta der traditionellen Fischerholzboote mit ihren braunen Segeln, ein Wochenende im Juli (Tour 6)

Warnemünder Woche Segelregatten und Volksfest im Hafen, Juli (Tour 6)

Göhrener Seebrückenfest Volksfest am Göhrener Strand und auf der Seebrücke, August (Tour 13)

Störtebeker-Festspiele Piratenspektakel auf einer der größten Freilichtbühnen Europas in Ralswiek, Sommer

Althäger Fischerregatta Zeesbootrennen im Hafen von Althagen bei Ahrenshoop, September (Tour 16)

Usedomer Musikfestival Klassisches Musikfestival auf der ganzen Insel, September und Oktober

DAS KRIEGST DU NICHT ALLE TAGE

PACKLISTE

GRUNDAUSSTATTUNG
- Radkleidung
- Fahrradhelm
- Trinkflasche
- Radhandschuhe
- Radbrille
- Handy
- Karte
- Fahrradschloss
- Fahrradlicht, Ersatzakku/-batterie
- Erste-Hilfe-Set

TAGESTOUR
- Regenkleidung
- Wechselkleidung
- Reparaturset: Ersatzschlauch, Werkzeug
- Luftpumpe
- Packtaschen klein
- Verpflegung: Snacks, genügend Wasser
- evtl. wasserdichte Handyhülle

BIKEAWAYTOUR

Zahnbürste
Waschbeutel
Packtaschen groß
evtl. Zelt
evtl. Schlafsack
evtl. Kompass
Handyladegerät

REISE-APOTHEKE

Pflaster & Blasenpflaster, Mückenschutz, Sonnenschutz, Zeckenkarte

RADCHECK
findest du auf der nächsten Seite

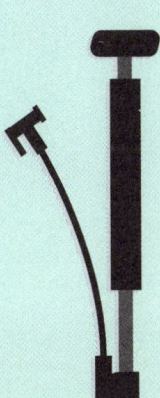

PACKLISTE

RADCHECK

AM BESTEN nimmst du dein Fahrrad vor jeder Tour unter die Lupe, zumindest aber beim Frühjahrsputz. Darüber hinaus ist ein regelmäßiger Service bei Profis zu empfehlen.

EINFACH ERKLÄRT MIT PROFI-TIPPS

 Picobello: Reinigung des Fahrrads

Ein sauberes Fahrrad lebt länger und dir fallen beim Putzen Defekte auf. Daher ran an den Schwamm und die milde Seife oder den Fahrradreiniger und losgelegt! Wenn das Fahrrad getrocknet ist, mit einem sauberen Lappen Wasserränder wegpolieren. Handarbeit ist angesagt – ein Hochdruckreiniger ist tabu, da er auch Fett und Öl entfernt und Wasser in empfindliche Teile eindringen kann.

Tipp: Für verwinkelte Teile ist eine alte Zahnbürste praktisch.

 Pralle Geschichte: Die Reifen

Um den Reifendruck zu überprüfen, mach die Daumenprobe: Lässt sich der Reifen mehr als 1 cm eindrücken, musst du pumpen. Angaben zu Mindest- und Maximaldruck findest du auf der Reifenflanke. Ein Erwachsenenrad mit 28 Zoll braucht ca. 2,5 Bar. Für wenig Rollwiderstand auf befestigten Straßen orientiere dich an der oberen Grenze, wenn du auf unbefestigen Wegen unterwegs bist, an der unteren. Am einfachsten lassen sich die Reifen mit einer Standpumpe mit Druckmesser aufpumpen.

Tipp: Fahrradgeschäfte bieten machmal vor Ort gratis Pumpen zum Selbermessen und -aufpumpen an.

Nimm auch das Reifenprofil unter die Lupe: Entferne eventuelle Steinchen oder Scherben und halte nach Rissen oder Schnitten Ausschau. Wenn das Profil zu brüchig oder stark abgefahren ist, brauchst du einen neuen Mantel.

 Läuft wie geschmiert: Kette reinigen und ölen

Fürs Reinigen zuerst mit einem trockenen Tuch Kette von altem Fett und Schmutz befreien, indem du am Pedal drehst und so die Kette durch das Tuch ziehst. Den feinen Zwischenräumen kannst du wieder mit der Zahnbürste zu Leibe rücken. Danach Kettenöl, am besten biologisch abbaubares, auftragen, indem du es hinten auf die Kette träufelst, während du sie mit dem Pedal durchdrehst. Kurz einwirken lassen, dann mit einem Lappen das überschüssige Öl von der Kette abziehen.

Tipp: Hast du eine Kettenschaltung, schalte einmal alle Gänge durch, damit sich das Öl auf allen Zahnrädern verteilt.

Eine gut geölte Kette und der richtige Reifendruck machen außerdem ein E-Bike leichtgängiger, was die Akku-Reichweite erhöht.

✓ Schraube locker?

Tipp: Der einfachste Weg, herauszufinden, ob alle Schrauben fest sitzen? Ohren spitzen und das Fahrrad aus geringer Höhe vorsichtig auf die Reifen fallenlassen.

Legst du selbst Hand an, ist ein Drehmomentschlüssel am besten, damit du die Schrauben entsprechend den Drehmomentangaben für dein Fahrrad nachziehen kannst.

✓ Nichts kann dich stoppen, außer: die Bremsen

Prüfe, ob vordere und hintere Bremse einen gleichmäßig starken Druckpunkt haben. Öffne und schließe die Bremsen auch im Stand. Wenn bei hydraulischen Bremsen mehrmaliges Pumpen für einen soliden Druckpunkt erforderlich ist oder sich der Hebel bis zum Lenker durchziehen lässt, muss das System entlüftet werden. Wenn bei mechanischen Felgenbremsen die Bremsarme nicht gleichmäßig arbeiten, einstellen (lassen). Sind die Verschleißindikatoren auf den Bremsbelägen, kleine Rillen im Gummi, verschwunden, müssen die Beläge getauscht werden. Den Verschleiß von Scheibenbremsen kannst du bei relativ neuen Belägen mit einer Taschenlampe von oben durch den Schlitz im Sattel prüfen. Bei älteren und dünneren Belägen müssen die Räder zur Sichtprüfung ausgebaut werden.

Tipp: Gegen Verschmutzung und Korrosion der Bremszüge bei mechanischen Bremsen hilft ein Spritzer Teflonspray in die Enden der Außenhüllen. So gleiten die Kabel besser in ihrer Hülle.

✓ Damit dir ein Licht aufgeht: die Beleuchtung

Weil's am Abend auch schon mal später werden kann und du auch am Rückweg sichtbar sein möchtest: Sind Lichter und Reflektoren vorhanden und funktionieren sie?

✓ Für alle mit extra Antriebskraft: Akku & Motor

Bei längerer Nichtnutzung, zum Beispiel in der Winterpause, achte darauf, dass sich der Akku nie tiefentlädt. Korrosionsspuren bei den Steckverbindungen mit einem speziellen Kontaktspray entfernen. Fallen dir Schäden am Motorgehäuse auf, am besten schnell in eine Fachwerkstatt.

Los geht's!

IMPRESSUM

© KOMPASS-Karten GmbH
Karl-Kapferer-Straße 5
A-6020 Innsbruck
www.kompass.de

1. Auflage 2022 (22.01)
Verlagsnummer 3802
ISBN 978-3-99121-410-6

Text und Fotos (soweit nicht anders angegeben): Kay Tschersich

Titelbild: Strandkörbe vor Sonnenuntergang an der Ostsee (Adobe: © powell83 – stock.adobe.com)

Fotos: Adobe: © arborpulchra – stock.adobe.com (160), © fotowunsch – stock.adobe.com (164), © Alaska-Tom – stock.adobe.com (127 groß), © andreasdumke – stock.adobe.com (20, 84), © Angelika Bentin – stock.adobe.com (158), © ArTo – stock.adobe.com (52, 216 groß), © Bergringfoto – stock.adobe.com (124), © Clarini – stock.adobe.com (35 klein), © crimson – stock.adobe.com (159), © dieter76 – stock.adobe.com (12, 67 klein, 141, 149, 157 klein, 174/175, 196, 225), © dk-fotowelt – stock.adobe.com (72), © DR pics – stock.adobe.com (16, 21, 56), © EKH-Pictures – stock.adobe.com (168, 188 klein), © abrice – stock.adobe.com (238), © Falko Göthel – stock.adobe.com (151), © fotografci – stock.adobe.com (100), © fotograupner – stock.adobe.com (11 groß, 13), © Frank Wohlfeil – stock.adobe.com (35 groß), © Frank`s Photography – stock.adobe.com (214), © Heiko Zahn – stock.adobe.com (28), © helmut Schmidt – stock.adobe.com (104), © Henner Damke – stock.adobe.com (97 groß, 98), © Ina – stock.adobe.com (171), © Ina Meer Sommer – stock.adobe.com (118, 183), © jessicahyde – stock.adobe.com (Graspapier-Hintergrund), © kentauros – stock.adobe.com (90), © Lawiesen – stock.adobe.com (32), © Maik – stock.adobe.com (48, 51 groß), © modernmovie – stock.adobe.com (154), © Monika Wisniewska – stock.adobe.com (237), © Nordreisender – stock.adobe.com (222/223), © Ole Jensen – stock.adobe.com (87 groß), © pershing – stock.adobe.com (80/81), © R.-Andreas Klein – stock.adobe.com (181 groß, 197, 202 klein), © Riko Best – stock.adobe.com (36), © Sina Ettmer – stock.adobe.com (121, 216 klein), © Stefan – stock.adobe.com (107 klein), © stylefoto24 – stock.adobe.com (101, 114), © textag – stock.adobe.com (29), © thorstenstark – stock.adobe.com (138), © Tilo Grellmann – stock.adobe.com (147 klein), © traveldia – stock.adobe.com (24), © UsedomCards.de – stock.adobe.com (91), © Wirestock – stock.adobe.com (131)

Gestaltung / Illustration – Composing / Agenten und Freunde Iris Streck München

Illustrationen: © stock.adobe.com: © val_iva; mtmmarek, © Azar, © askaja; creativmarket: © amber&ink; © NassyArt
illustrierte Karten und zugehörige Miniaturen, wenn nicht anders angegeben / Agenten und Freunde Martina Dobrindt München
Miniaturen auf Karten: Adobe: @ bokasana – stock.adobe.com (Rohrkolben), @ iconsgraph – stock.adobe.com (Stralsund), @ Imsuniyah – stock.adobe.com (Düne), @ serz72 – stock.adobe.com (Leuchtturm), @ Stephi – stock.adobe.com (Boot), @ Viktoria – stock.adobe.com (Kraniche)
Grafische Herstellung: KOMPASS-Karten
Karten: © KOMPASS-Karten GmbH unter Verwendung OpenStreetMap Contributors (www.openstreetmap.org)

Alle Angaben und Tourenbeschreibungen wurden nach bestem Wissen gemäß unserer derzeitigen Informationslage gemacht. Die Radtouren wurden sehr sorgfältig ausgewählt und beschrieben, Schwierigkeiten werden im Text kurz angegeben. Es können jedoch Änderungen an Wegen und im aktuellen Naturzustand eintreten. Radfahrer und alle Kartenbenützer müssen darauf achten, dass aufgrund ständiger Veränderungen die Wegzustände bezüglich Befahrbarkeit sich nicht mit den Angaben in der Karte decken müssen. Bei der großen Fülle des bearbeiteten Materials sind daher vereinzelte Fehler und Unstimmigkeiten nicht vermeidbar. Die Verwendung dieses Führers erfolgt ausschließlich auf eigenes Risiko und auf eigene Gefahr, somit eigenverantwortlich. Eine Haftung für etwaige Unfälle oder Schäden jeder Art wird daher nicht übernommen. Für Berichtigungen und Verbesserungsvorschläge ist die Redaktion stets dankbar : www.kompass.de/service/kontakt

Erzähl uns von deinen Abenteuern auf Instagram und Facebook mit: #folgedeinemKOMPASS

BIKE-BUCKETLIST OSTSEEKÜSTE

DIE LEUCHTTÜRME AUF KAP ARKONA ERKLIMMEN

Das Leuchtturm-Hopping auf Kap Arkona ist ein Muss! Oben tief die salzige Luft einatmen und den Blick über Meer und Inselhinterland schweifen lassen.

Tour 18 // Seite 170

SPAZIERGANG DURCH DEN OFFENEN ATLANTIK

Ein Schiffswrack liegt auf dem Grund – Fischschwärme huschen übers rostige Deck und Rochen ziehen ihre Runden. Das gigantische Aquarium des Ozeaneums Stralsund kommt auf 2,6 Mio. Liter!

Tour 14 // Seite 125

TOUR 8

AUF BOHLEN DURCH DIE DÜNEN WANDERN

Nach dem Blick vom Leuchtturm spazierst du auf einem Holzbohlenweg durch die junge Dünenlandschaft am Darßer Ort. Eindrucksvoll!

Tour 8 // Seite 69

DURCH URWÜCHSIGE NATUR RADELN

Auf einsamen und naturbelassenen Wegen kannst du das Naturschauspiel aus Farben und Wind, Vogelgezwitscher und Froschgequake an der Krumminer Wiek bei Krummin erleben.

Tour 11 // Seite 99

BLICK VOM KREIDEKLIFF

Schon Caspar David Friedrich war begeistert – inmitten uralter Buchenwälder ragt die schneeweiße Kreideküste mit Königsstuhl und Victoriaaussicht über dem Meer auf.

Tour 4 // Seite 37

WASSERBÜFFEL IM HOHEN NORDEN

Mitten in den Polderwiesen bei Born oder Wieck steht sie plötzlich wiederkäuend da – die Wasserbüffelherde des Gutes Darß. Ein Hauch Südostasien-Flair am Barther Bodden!

Tour 16 // Seite 136

240 BUCKETLIST